JN414587

성도가 묻고
성경이 답하다

성도가 묻고 성경이 답하다

지은이 차준희
발행인 김혜정
기획위원 김건주
마케팅 윤여근, 정은희
디자인 정선형
이미지 123RF
초판 1쇄 발행 2022년 4월 12일
2쇄 발행 2024년 3월 22일
발행처 도서출판 CUP
출판신고 제 2017-000056호 (2001.06.21.)
주소 (04549) 서울특별시 중구 을지로148, 803호 (을지로3가, 중앙데코플라자)
전화 02) 745-7231
팩스 02) 6455-3114
이메일 cupmanse@gmail.com
홈페이지 www.cupbooks.com
페이스북 facebook.com/cupbooks
인스타그램 instagram.com/cupmanse/

ISBN 979-11-90564-34-2 03230 Printed in Korea

* 파손된 책은 구입하신 서점에서 교환해 드리며 책값은 뒤표지에 있습니다.

성도가 묻고 성경이 답하다

차준희 지음

이 책을

필자의 모교회인 서부교회 교우들과

지난 40년 동안,

그곳에서

어린 신학생, 젊은 전도사, 새끼 목사의

버벅거리고, 어렵고, 딱딱한 설교를

최고의 설교라고 늘 격려하며,

무조건 응원해주고,

지금도 자랑스럽다고 말씀해 주시는

주환 장로님(1938년 5월 3일)과 정성님 권사님(1946년 5월 1일)께

감사의 마음을 담아 헌정합니다.

오늘의 저는 서부교회 교우들과 두 분의 기도와 응원 덕분입니다.

추천의 글

류호준 백석대학교 신학대학원 은퇴 교수

우리 앞에 놓인 책의 정체는 무엇인가? 자칭타칭 구약 전도사로 유명한 저자가 서문에 밝힌 대로 '주문형 맞춤 설교'인가? 아니면 '기독교적 즉문즉설'即問卽說인가? 아니면 '궁금하면 물어보세요?' 기획 작품인가? 흥미롭게 책에 실린 37편의 글의 제목은 모두 질문형이다. 이 책은 그리스도인들이 성경을 읽다가 고개를 갸우뚱하게 되는 내용, 신앙생활 하면서 꼭 물어보고 싶은 것들, 살면서 직면하는 신앙적 딜레마들과 같은 신앙적 신학적 고민을 담은 실제적 질문에 대해 친절한 저자가 온갖 지혜와 지식을 동원해 유려하고 성실하게 답변하는 형식을 취한다.

저자의 강의나 설교를 들은 사람들은 저자의 대중 소통 능력에 손뼉을 칠 것이다. 문어체 속에 농익어 있는 저자의 구어체 글을 읽으면서 독자는 다음과 같은 나의 평가에 동의할 것이다. 누구도 이해하기 좋게 아주 쉽게 설명한다. 재미있는 야사와 예화를 적재적소에 삽입해 읽는 내내 호기심과 즐거움을 누리게 한다. 신학의 전 분야에서 시의적절한 대답을 찾아내어 제시한다. 예를 들어, 저자는 매우 평범해 보이는 질문에 대해서도 구약과 신약은 물론, 교회사, 신학의 역사, 조직신학과 교리, 선교 역사, 한국 교회사, 성경 해석학 등을 동원해 아주 유연하면서도 성실하게 대답하는 감각이 최고다. 그러면서도 전혀 현학적이지 않다. 번뜩이는 대답, 정곡을 찌르는 응답, '아하 그거였구나!' 하는 반응을 유도하는 교화적 친절함이 묻어 있다.

어떤 이는 어려운 주제를 더 어렵게 풀어낸다. 또 어떤 이는 쉬운 주제도 어렵게 설명한다. 어떤 이는 어려운 질문을 쉽게 설명하고, 쉬운 질문은 생각하도록 자극하여 해답으로 인도한다. 이 책의 저자가 그런 학자, 목사이다. 이 책은 "아하! 성경이 읽어지네."라는 감탄사를 자아낸다. 저자의 인도를 따라 읽는 내내 뿌듯함과 포만감을 느꼈다. 여러분도 읽어보시고 신앙체계를 형성하는 일에 영적 유익을 얻기 바란다.

박영돈 작은목자들교회 담임목사, 고려신학대학원 교의학 명예교수

본서는 "CBS 올포원"에서 절찬리에 방영된 설교를 모은 것이다. 여기에 실린 글들은 여러 면에서 독특하다. 먼저 성도들이 품고 있는 여러 가지 의문점을 명쾌하게 풀어준다는 점에서 그렇다. 성경과 기독교 신앙, 교회와 관련된 다양한 질문을 전문가적인 해박한 지식과 깊이 있는 성경 해석으로 답한다. 군더더기 없이 핵심을 찌르는 메시지라 짧고 쉽고 재밌기까지 하다. 지루한지 모르고 읽다 보면 보석같이 빛나는 지혜의 편린을 발견하는 기쁨을 누리게 된다.

신국원 총신대학교 신학과 명예교수

덮어놓고 믿는 신앙은 힘이 없다. 질문은 의심이 아니라 관심의 표현이다. 신앙생활에는 크고 작은 질문들이 있다. 구원에 관련된 중차대한 신학적이며 교리적인 논란만이 아니다. 의외로 소소하게 보이지만 신경을 건드리는 질문들은 성도들을 괴롭힌다. 그런 질문에 답하는 성의 있는 목회적 돌봄이 절실하다. 일상의 물음에 적절한 답을 듣지 못하는 성도는 성숙이 지체된다. 이 책은 방송 원고에서 출발한 만큼 일상에서 자주 제기되는 성도들의 실제적 의문과 궁금증을 잘 집어낸다. 제시된 대답도 쉽고 간략해서 문제들을 해소하는 데 기여한다. 그리스도인이 믿어야 하는 기본적 내용에서부터 코로나19 팬데믹에 관한 질문까지 친절하고도 쉽게 성도들의 질문에 답하는 목회적 심령이 잘 드러난다.

김선일 웨스터민스터신학대학원대학교 신학 교수

깊이 있는 학자는 쉽고 정확하게, 그리고 꼭 필요한 글을 쓴다. 아무도 관심 없는 추상적 질문에 난해한 설명을 나열하는 법이 없다. 전공자들끼리만 알아들을 수 있는 폐쇄회로의 언어에 갇히지도 않는다. 신학의 언어는 신앙생활의 세계를 가지런히 빼곡하게 채울 때 비로소 빛을 발한다. 이 책은 신학의 깊이를 우리가 체감할 수 있는 지평으로 끌어올려 준다. 연륜 있는 구약학자인 저자는 우리가 관행적으로 믿고 따랐던 신앙 쟁점의 성서적 기원을 친절하게 설명한다. 성경 본문에 대한 분석에 그치지 않고, 기독교 교리와 역사를 아우르며 입체적 해설을 통해 깨달음의 즐거움을 선사한다. 이 책은 신학과 영성이 만나는 신앙생활의 총서라 할 수 있다. 쉽게 읽고, 깊이 깨달으며, 은혜로운 결론에 이르게 한다.

최태연 백석대학교 기독교학부 교수

성경과 기독교를 제대로 알고 싶은 성도가 기독교 서적을 택할 때마다 만나는 어려움이 있다. 신학자들이 쓴 전문적인 신학 서적은 학문적 정확성과 권위는 있으나 너무 어렵다. 반면에 경건서나 설교집은 읽기는 쉬우나 신학적 깊이와 객관성이 떨어진다. 차준희 교수의 이 책은 이런 성도들의 갈등을 한 번에 해결해 준다.

차 교수는 성도들이 궁금해하고 자주 묻는 37개의 질문에 답한다. 그의 답에는 성경학자로서 원어 성경에 근거한 성경 해석과 교회사적인 배경에 대한 충분한 검토가 들어있다. 동시에 그의 글은 설교를 듣는 청중에게 성경과 교리를 알기 쉽고 친절하게 풀어간다.

그의 글에는 주님의 눈길을 의식하는 경건의 심정과 삶의 현장에서 분투하는 성도들을 품으려는 공감의 심정이 들어있다. 그래서 그런지 이 책을 읽으면 삼위일체나 사도신경, 하나님의 섭리와 인간의 자유의지 등의 교리적 궁금증도 쉽사리 풀리지만 가족, 성 문제. 돈 문제, 사회적 죽음, 코로나 팬데믹 등의 윤리적이고 실천적 고민의 답도 발견하게 된다. 더불어 모세, 삼손, 엘리야, 아합과 이세벨, 요나, 마르다와 마리아, 부자 청년, 가룟 유다, 열두 제자와 스데반 등 중요한 성경 인물에 대한 궁금증도 풀린다.

하나만 더 말하자면 "오늘도 참새의 날갯짓을 멈추지 맙시다." "성경은 '하나님의 종'이 아니라 '종의 하나님'을 주목하도록 한다" 같은 이 책을 빛내는 맛갈진 표현이 일품이다.

전성민 밴쿠버기독교세계관대학원 원장, 유튜브 민춘살롱

교회에서는 궁금해 하거나 질문해서는 안 된다. 성경이 쓰여진 과정, 삼위일체, 선악과, 비대면 예배, 가룟 유다, 성과 돈, 자살, 자연 재해, 코로나의 의미 등에 관해 궁금해 하면, 신앙이 흔들리는 것 아니냐며 걱정하는, 심지어 정죄하는 눈빛을 만나게 된다. 그런 눈빛 앞에서 소리내 질문하려면 용기 그 이상이 필요하다. 그러나 무엇인가 궁금해지는 것은 사랑의 증거이며 좋아하면 궁금해지는 것은 너무나 자연스럽다. 누군가를 만나 좋아하고 사랑하게 되면 자꾸 묻게 된다. 이 책은 이렇게 하나님을, 이웃을, 세상을 사랑하게 된 성도들을 대신해 그동안 꾹꾹 눌러왔던 질문들을 던진다. 질문을 던질 뿐 아니라 따뜻하고 친절한 답까지 건네준다. 그것도 최고의 성경 선생님의 사려 깊은 대답이다. 궁금한 것이 해소될 때, 더욱 잘 알게 된다. 더욱 사랑하게 된다. 그리고 더 깊은 질문으로 나아간다. 어느 하나 빼기에는 아쉬운 질문들이지만, 특히 5부, "이웃과 함께"라는 큰 주제 아래 다루어진 질문들과 대답들은 그야말로 '강추'한다. 이웃 사랑이 하나님 사랑의 완성이며, 가난하고 어려운 이웃과 함께하는 삶이 의로운 삶이며, 환대의 복음이 세상을 구원할 것이라는 설명 가운데 '이것이 성경의 핵심이야'라고 마음을 다잡고 용기내어 외치는 저자의 속마음을 다시금 느낄 수 있다. 모든 성도들이 이 책을 읽고, 질문하고, 대답하고, 서로 대화하는 가운데 하나님과 이웃에 대한 사랑이 더욱 깊어지길 바란다.

김건주 KL중앙교회 담임목사, 『지금 당신의 인생엔 어떤 예수가 계십니까?』 저자

질문하지 않는 삶, 질문하지 않는 믿음은 답답하다. 이미 답을 알고 있기에 더는 질문이 필요 없다는 이들은 질문하는 이들을 무시하고 답답하게 여긴다. 정해진 답을 이미 발견했고 그 답을 따라 살고 있다고 여기는 이들의 마음은 높기만 하고, 자신과 같지 않은 이들을 무시하고 평가하곤 한다. 그러나 진리는 불변하지만, 삶은 고정되어 있지 않다. 삶에서 적용하고 실천해야 할 믿음도 고정되어 있지 않다. 그래서 우리에게는 삶과 믿음에 관한 질문이 계속 필요하다. 앞서 살면서 믿음의 길을 걸었던 선배들의 삶과 믿음은 참 좋은 유산이고 좋은 본이지만, 유산은 유산이고 본은 본일 뿐, 우리에게는 우리 시대의 삶과 믿음에 관한 질문이 필요하다. 우리 시대의 삶과 믿음과 관련해 물어야 할 질문과 그 질문에 관한 적절하고 친절한 답변을 『성도가 묻고 성경이 답하다』라는 제목의 한 권의 책으로 만나는 것은 참으로 반갑고 고마운 일이다. 우리에게는 좋은 질문이 필요하다. 그리고 좋은 답변이 필요하다. 무엇을 물어야 하는지, 그리고 어떻게 답을 찾아야 하는지를 친절하면서도 명확하고 선명하게 보여주는 이 책을 참 삶과 참 믿음으로 살고자 열망하며 수고하는 모든 길벗에게 적극적으로 추천한다.

머리말

이 글은 "설교로 하나 되는 시간: CBS 올포원"에서 2019년 3월 첫 방송부터 2021년 최근까지 설교했던 원고를 다시 다듬은 것이다. 올포원 제작진은 시청자들이 궁금해하거나 좀 더 알고 싶은 주제를 사전에 취합해 논의를 거친 후, 설교자들에게 과제로 준다. 한마디로 주문형 맞춤 설교인 셈이다. 설교 원고 준비 시간은 약 한 달이다. 설교 시간은 단 6분, 이 짧은 시간에 과제를 해결해야 한다. 관련 성경 본문을 찾고, 참고 도서를 찾아서 읽고, 관련 주석서와 전문서적을 탐독하여 분석하고 나름의 답을 적어 A4 3~4쪽 분량의 원고를 완성해서 보낸다.

한 가지 주제를 가지고 설교자 3명이 자기 나름의 입장에서 본문을 분석하고 묵상하여 한편의 설교를 완성한다. 한 주제에 대해 서로 다른 설교가 한 자리에서 소개된다. 공개적으로 비교되는 것은 당연하다. 청취자들은 한 본문을 다양하게 들을 기회를 즐기는 것 같다. 그러나 비교되는 당사자들의 속마음은 좀 다른 것 같다. 출연진들은 이 시대의 유명한 목회자, 설교자들이다. 출연자의 대부분은 현직 목회자들이고, 예외적으로 신학자들이 2~3명 끼어 있다. 녹화할 때 보면 일종의 '설교 배틀' 같은 묘한 기분이 든다.

목회자들의 능숙한 설교 앞에서 성서학자는 늘 주눅이 들곤 한다. 때로는 성서학자로서 목회자들이 보지 못하는 색다르거나, 조금이라도 깊이 있는 메시지를 발굴해야 한다는 압박감에 사로잡히기도 한다. 다른 설교자들에게 밀리지(?) 않기 위해, 성경 본문을 더 꼼꼼히 분석하고 설교를 작성했다. 그동안 여러 권의 책을 출간했지만, 설교집은 처음이다. 그래서 많이 망설였지만, 주변의 응원에 용기를 내어 본다. 일반 성도들뿐만 아니라 설교자들과 신학생들에게도 참고가 될 수 있기를 바란다.

이 책을 모교회인 서부교회의 교우들과 함께 원로장로이신 주환 장로님과 정성님 권사님 부부에게 헌정하고 싶다. 필자는 스무 살, 신학교 1학년 때부터 모교회에서 설교를 했다. 생애 첫 번째 장년 설교도 물론 모교회인 서부교회 수요예배에서 하였다. 그 이후 유학 기간 만 5년과 단독목회 기간 만 3년을 제외하면, 지금까지 서부교회에서 줄곧 정기적으로 혹은 비정기적으로 설교를 해오고 있다. 주환 장로님 내외분은 그때부터 지금까지 약 40년 동안 내 설교를 기꺼이 들어주신 분들이다. 예나 지금이나 "우리 차 전도사님 설교는 힘 있고 늘 신선해요", "우리 차 목사님 설교는 우리나라 최고예요"라며 늘 격려와 응원을 아낌없이 쏟아부어 주셨다. 이분들 때문에 가끔은 "내가 대한민국 최고의 설교자일지도 모른다"라는 엄청난 착각을 하곤 했다.

독일에서 유학하는 동안, 두 분이 앞장서서 서부교회에서 '차준희장학후원회'를 결성해서 성도님들이 십시일반 모은 돈으로 5년 동안 매달 장학금을 보내주시기도 하였다. 목회자와 신학자는 교회의 젖을 먹고 자란다. 필자도 서부교회의 젖을 먹고 성장했다. 한 교회가 버젓이 서기까지는 누군가의 희생이 반드시 따른다. 서부교회는 특히 주환 장로님 내외분의 헌신과 희생 위에서 세워졌고, 성장하였다. 한때 모교회가 물질적으로 어려워 위기에 처했을 때, 당신의 집을 담보로 거액을 헌금하여 교회가 위기를 넘기는데 물꼬를 트기도 하였다. 주환 장로님은 목회자와 신학생들을 만나면 차 목사 자랑을 하도 많이 하고 다니셔서, 필자가 주환 장로님 사위라고 잘못 알고 있는 사람도 적지 않았다. 지금은 많이 연로하시고 지병도 있어 심신이 많이 연약해지셨다. 최근에 찾아 뵈었을 때, "이제 하나님의 부르심을 반갑게 맞이할 준비가 다 끝났습니다"라고 하시며, 밝게 웃으신다. 오늘의 나 됨에, 두 분의 기도와 응원이 큰 역할을 했음을 고백하고, 두 분께 기꺼이 이 책을 드리고 싶다.

부족한 책임에도 불구하고, 주변의 도움이 적지 않았다. 무엇보다도 CBS 올포원의 맹재열 PD님, 장주희 아나운서님, 김수연 작가님을 비롯한 모든 패널과 제작진, 한세대학교 구약학 박사과정에 있으면서 한국구약학연구소 연구원으로 동역하는 손주환 목사와 구약학 석사과정의 조교인 조덕환 전도사의 날카로운 원고 검토와 조언에 감사한다. 마지막으로 개 교회의 집회 현장마다 올포원 팬이라고 소개하며, 반갑게 맞이해주는 열혈 시청자들에게도 감사의 마음을 드리고 싶다.

이와 더불어 부족한 원고를 정성스럽게 다듬어 멋있는 작품으로 만들어주신 CUP의 관계자분들께도 고마움을 표한다.

한세대학교 신학관 연구실에서

차준희

모든 성경은 하나님의 감동으로 된 것으로
교훈과 책망과 바르게 함과 의로 교육하기에 유익하니
이는 하나님의 사람으로 온전하게 하며
모든 선한 일을 행할 능력을 갖추게 하려 함이라

디모데후서 3:16~17

Contents

Part 2

교회와 공동체

Part 3

구약 성경 인물 다시 보기

Part 4
신약 성경 인물 다시 보기

Part 5
이웃과 함께

Part 6

자주 하는 질문들

Part 1

신앙의 기본기

“

01

성경이 우리 손에 오기까지 어떤 과정을 통해 형성되었나요?

성경: 인류 최고의 베스트셀러, 하나님과 사람의 공동작품, 인생의 나침반(렘 36:1~4)

”

성경은 누구의 작품인가?

성경의 기원과 형성 과정에 대해 분명하게 보여주는 본문이 하나 있다. 예레미야 36장이 바로 그 분문이다. 이 장은 하나님이 그동안 예레미야에게 주신 모든 말씀을 기록하라고 명령하신 것을 증언하고 있다. 여호야김 제4년기원전 605년에 예레미야는 친구인 서기관 바룩에게 하나님이 자신에게 주신 말씀을 두루마리 책에 받아 적게 했다. 바룩은 예레미야가 대언해준 하나님의 말씀을 두루마리 책에 받아 적었다.

당시 예레미야는 성전 출입을 금지당했다. 1년 뒤인 여호야김

제5년기원전 604년에 바룩은 예레미야를 대신해 금식일에 예루살렘 성전에 모인 유대인들 향해 두루마리 책에 있는 하나님의 모든 말씀을 낭독했다. 이 말씀은 유다의 죄를 준엄하게 꾸짖고 회개를 촉구하는 내용이었을 것이다.

> 유다 가문이 내가 그들에게 내리려한 모든 재난을 듣고 각기 악한 길에서 돌이키리니 그리하면 내가 그 악과 죄를 용서하리라 하시니라 _예레미야 36:3

이 말씀을 들은 고관들은 일종의 국무회의를 열고 기록자인 바룩을 은밀히 초청해 다시 그 말씀을 낭독하게 한다. 고관들은 그 말씀을 듣고 말씀의 출처인 예레미야와 바룩에게 은닉할 것을 권고한다. 고관들은 하나님의 말씀의 전달자들이 이 일로 인해 목숨을 잃지 않을까 염려하여 예레미야와 바룩을 숨기려고 한 것이다.

여호야김 왕은 두루마리의 내용을 듣고도 하나님을 두려워하지 않고, 오히려 펜나이프로 그 두루마리 책을 베어서 화롯불에 던져서 모두 태워버린다. 과거에 여호야김의 아버지인 요시야는 기원전 622년에 하나님의 말씀을 듣고는 자신의 옷을 찢고 회개했다.

> 왕이 율법책의 말을 듣자 곧 그의 옷을 찢으니라 _열왕기하 22:11

반면에 요시야의 아들 여호야김은 자신의 옷을 찢지 않고, 하나님의 말씀인 두루마리 책을 찢어서 태워버린다. 의로운 왕과 악한 왕이 극명하게 대조된다. 자신을 찢으면 의로운 왕이고, 상대를 찢으면 악한 왕이다.

고관들의 만류에도 여호야김의 만행은 그치지 않았고, 그는 서기관 바룩과 예언자 예레미야를 체포할 것을 명령한다. 예레미야와 바룩은 하나님이 숨겨주셔서 직접적인 화를 피할 수 있었다. 하나님은 다른 두루마리 책을 준비시키고 다시 말씀을 받아 적게 하셨다.

> 이에 예레미야가 다른 두루마리를 가져다가 네리야의 아들 서기관 바룩에게 주매 그가 유다의 여호야김 왕이 불사른 책의 모든 말을 예레미야가 전하는 대로 기록하고 그 외에도 그 같은 말을 많이 더 하였더라 _예레미야 36:32

여호야김이 두루마리 책을 불태운 결과, 개정 증보된 두루마리 책이 다시 탄생하게 된다.

이 이야기는 성경의 기원과 형성 과정을 잘 보여준다. 성경은 하나님의 계시로 시작된다. 동시에 하나님의 계시는 사람을 통해 기록된다. 따라서 성경은 하나님과 사람의 공동작품이라고 할 수 있다. 그럼에도 성경의 원초적인 출발은 하나님이다. 그래서 성경은 하나님의 영감으로 기록된 것으로 간주된다.

[16] 모든 성경은 하나님의 감동(영감)으로 된 것으로 교훈과 책망과 바르게 함과 의로 교육하기에 유익하니 [17] 이는 하나님의 사람으로 온전하게 하며 모든 선한 일을 행할 능력을 갖추게 하려 함이라

_디모데후서 3:16~17

성경의 더 자세한 형성 과정은 정확하게 알 수는 없다. 성서학자들의 다양한 추정만이 가능하다. 성경은 구전-기록-수집-편집-개정의 작업을 거쳐서 우리에게 전달되었을 것이다. 그러나 아마도 성경의 정확한 형성과정은 신비의 영역으로 남겨져 있다. 나중에 완성된 하나님의 나라가 임하면, 그때 분명히 깨닫게 될 것이다.

우리가 지금은 거울로 보는 것 같이 희미하나
그 때에는 얼굴과 얼굴을 대하여 볼 것이요
지금은 내가 부분적으로 아나
그 때에는 주께서 나를 아신 것 같이 내가 온전히 알리라

_고린도전서 13:12

외경이란?

이제 외경에 대해 알아보자. 우리가 알고 있는 성경을 정경正經이라고 한다. 정경은 구약 39권, 신약 27권 총 66권이다. 현재 알려진 외경은 12권이다. 가톨릭 성경에 포함된 외경 8권토비트, 유

딧, 지혜서, 집회서, 바룩, 마카비서, 에스더 부록, 다니엘서 부록과 그 외 4권에스드라 1서, 에스드라 2서, 므낫세의 기도, 예레미야서신 등 총 12권이다. 외경은 공중 예배에서 낭독용으로는 인정받지 못하지만, 개인 연구나 교화용으로는 가치가 있다. 이들은 헬라어로만 보존되었다. 그런데 기원후 90년경의 얌니아 회의에서 히브리 경전으로부터 제외되었다.

기독교에서 이 외경들에 대한 입장은 16세기까지도 모호했다. 로마교회는 이 외경들을 트렌트 공의회1546년에서 경전에 포함했다. 그러나 프로테스탄트는 외경을 개인 교화용으로만 인정했다.[1] 종교개혁자 마틴 루터는 외경이 정경적인 권위는 없지만, 개인의 신앙생활에는 도움이 되기 때문에 일독을 권한다고 했다. 그러나 정경도 잘 읽지 않는 개신교 후예들은 외경 읽기를 아예 금기시 해왔다. 외경은 정경적 권위는 없지만, 신앙에 도움이 되는 책이다. 이것이 외경에 대한 개신교의 기본 입장이다. 외경도 읽어보아야 한다. 그러나 한 가지 주의할 점은 외경에서 기독교 교리를 끌어오는 것은 조심해야 한다는 사실이다예, 죽은 자들의 속죄를 위한 기도, 마카비후서 12:40~45.[2]

성경 자체가 갖는 신비와 은혜는?

성경은 하나님 한 분과 다수의 인간 저자들이 동원되어 완성된 책이다. 이러한 것이 신비요 은혜다. 성경의 저자로 동원된 인원이 적어도 수십 명이 된다. 이들은 다양한 신분을 가졌으며, 출신 지역도 다양하고, 살아온 연대도 다양하고, 그 폭도 넓다. 기록자 중에는 목자, 왕, 법률가, 어부, 농부, 교사, 의사, 세리, 심지어 섬으로 유배된 죄수도 있다. 그들의 출신 지역으로는 로마를 비롯하여 예루살렘, 바빌로니아, 페르시아, 그리스, 터키가 있다.[3]

성경은 연대적인 측면에서도 독특하다. 모세를 최초의 기록자로 보더라도 기원전 1500년 혹은 1300년에서 기원후 100년경에 이르도록 1600년 혹은 1400년의 기간 동안 쓰인 책이다. 이 세상의 어떤 작가가 자신의 전 생애를 할애해 쓴 아무리 탁월한 책이라 할지라도 집필 기간은 기껏해야 100년을 넘지 못한다. 그런데 성경은 무려 1600년 혹은 1400년에 걸쳐 쓰인 책이다. 번역된 언어만도 3,000개에 가까우며, 지난 50년간 판매된 책 중에서 단연 최고의 베스트셀러인데, 무려 39억 권이 팔렸다는 통계도 있다. 성경이 세상의 보는 사람을 독사로 삼은 최고의 책이라는 사실을 보여주는 통계 자료는 이 외에도 대단히 많다.[4]

성경은 책 중의 책이다. 하나님이 1000년이 넘는 기간 동안 수많은 기록자를 동원해 남긴 계시의 책이 성경이다. 그래서 성경은 시대를 초월한 보편적인 인류의 지혜와 인문 교양이 담긴 고전이다. 성경은 세계적으로 그리고 역사적으로 입증되었고, 인정받은 책이다. 전 세계 20억 이상의 인구천주교, 개신교, 러시아 정교회, 그리스 정교회 신자들을 다 합치면 그쯤 된다가 경전으로 읽는 책이기도 하다. 또한 성경 가운데 구약성경은 기독교만이 아니라 유대교의 경전이기도 하다. 게다가 구약성경의 맨 앞에 나오는 다섯 권의 책은 이슬람교의 경전에도 포함되어 있다. 그러니 성경을 알면 전 세계 40억 이상의 인류문화와 소통할 수 있는 길이 열린다.[5]

성경을 모르면 교양인이라 할 수 없다. 성경을 알면 전 세계인과 소통이 가능하며, 더 중요한 것은 우주와 인간, 나 자신을 만드신 하나님의 뜻을 파악할 수 있다. 나를 향한 창조주의 뜻을 알아야 인생을 값지게 보낼 수 있다. 그래서 성경은 '인생의 나침반'이다. 성경이 보여주는 나를 향한 하나님의 뜻이 궁금하지 않은가. '인생 사용설명서'인 성경을 펴보고 싶지 않은가?

우리에게 말씀을 주신 하나님,
우리에게 주신 말씀 속에 담긴 하나님의 뜻을 제대로 깨닫고,
온전히 따르는 자들이 되게 하소서.

02

말씀 묵상이 중요하다고 강조하는데, 말씀 묵상은 어떻게 하는 건가요?

말씀 묵상: 말씀 묵상은 온몸으로(시 1:2)

한 해를 시작하면 대부분의 기독교인은 성경 일독의 목표를 세운다. 그리고 평생 수십 번씩 성경을 읽는다. 이러함에도 말씀에 대한 목마름이 사라지지 않는 까닭은 무엇일까? 혹시 성경이 나를 읽지 못하기 때문은 아닐까? 성경을 읽었다고 해서 성경을 다 읽은 것은 아니다. 성경이 나를 읽어야 한다. 성경이 나를 읽지 못한다면, 그저 성경에 쓰인 글자를 읽은 것에 불과하다. 내가 성경을 쪼개는 것이 아니라 성경이 나를 쪼개야 한다.

하나님의 말씀은 살아 있고 활력이 있어 좌우에 날선 어떤 검보다도 예리하여 혼과 영과 및 관절과 골수를 찔러 쪼개기까지 하며 또

마음의 생각과 뜻을 판단하나니 _히브리서 4:12

진정한 성경 읽기의 의미를 잘 나타내 주는 예화가 있다. 한 랍비와 제자의 대화다. 랍비가 제자에게 묻는다. "그래, 그동안 너는 무엇을 배웠느냐?" 제자가 대답한다. "저는 탈무드를 세 번에 걸쳐 통과했습니다." 랍비가 다시 물었다. "그렇다면 탈무드도 너를 통과했느냐?" 랍비의 이 질문이 바로 우리에게 해당하는 문제가 아닐까? 내가 탈무드를 읽는 것보다 탈무드가 나를 읽는 게 중요하다. 즉 내가 성경을 읽는 것보다 성경이 나를 관통하는 것이 더 중요하다.[6] 성경이 나를 관통하려면 어떻게 해야 할까?

말씀 묵상: 음독 온몸으로 읽기

말씀 묵상은 원래 소리를 내어 읽어야 한다.

오직 여호와의 율법을 즐거워하여
그의 율법을 주야로 묵상하는도다 _시편 1:2

여기서 묵상이란 히브리어는 '하가'다. '하가'는 '소리 내서 읽다', '읊조리다', '계속해서 읽다', '연구하다', '공부하다'의 의미다. 늘 그럴 수는 없지만, 남에게 폐를 끼치지 않는 공간이라면, 성경은 소리를 내어 낭독하는 것이 원칙이다. 원래 경經은 소리 내어 독경讀經하다가, 나중에는 몸을 흔들며 암송하는 것이 원칙이다. 소리 없이 묵독默讀만 하는 경經은 경經이 아니다. 과거 우리 조상들도 소리 내어 독서했다. 서당에서 천자문과 사서삼경을 배울 때, 몸을 흔들며 소리 내어 글을 읽었다. 서구 사회에서도 소리 내지 않고 묵독하는 것이 보편화된 시기는 기원후 10세기 전후로 추정된다. 그전까지는 일반적으로 소리 내어 책을 읽었다.[7]

사람의 몸에는 아홉 개의 구멍이 있다. 눈/귀/입/코에 있는 일곱 개의 '양의 구멍'과, 항문과 요도의 두 개의 '음의 구멍'을 합쳐 아홉 구멍이 있다. 눈으로만 책을 읽으면, 눈구멍 2개만 작동한다. 그러나 책을 소리 내어 읽으면, 눈+입+귀+코의 7개 구멍이 동시에 작동하면서, 뇌와 온몸에 파동을 전달하며 입력된다. 말씀은 눈으로만 읽는 게 아니다. 입으로 읽고, 귀로 듣고, 몸으로 흔들어 채우는 것이다. 그래서 말씀은 노트에 기록하는 것이 아니라, 내 영혼의 심비心碑에 새기는 것이다.[8]

말씀 묵상: 암송

1945년 해방 당시 우리나라 국민의 약 80%가 문맹이었다.[9] 문맹인에게 성경이 어떻게 전달되었을까? 그들은 성경을 듣고 외우고 암송하고 실천했다. 문맹이기에 4복음서를 들어서 다 외우거나, 신약을 통째 외우는 신자들도 있었다고 한다.

예화 1 개성의 전설적인 시각장애인 전도자 백사겸이란 분이 있다. 백사겸은 사복음서를 다 외운 인물로 유명하다. 백사겸은 어려서 맹인이 되어 개종 전에는 이름을 날리던 점쟁이였다. 하지만 예수님을 믿고 난 후 그동안 점쳐서 번 재산을 모두 정리하고, 지팡이 하나 잡고 전도 길에 나서 고양과 파주, 장단, 개성 등지에 많은 교회를 세웠다. 그리고 훗날 연희전문학교 교수가 된 아들 백남석의 도움을 받아 성경을 외어 버린 것이다.[10]

1919년 삼일운동 후 감옥에 들어간 교인들도 성경을 암송했다. 길선주 목사는 잘 보이지 않는 상태한 눈은 안 보였고, 다른 눈도 백내장 수술로 겨우 조금 볼 수 있었음임에도 계시록을 800독하며 암송했다. 이후 수많은 신자가 감옥에서 성경을 암송하며 민족을 위해, 민주를 위해, 교회를 위해 고난을 받았다. 내 삶의 어떤 자리에 함께한 말씀이라야 살아 있는 말씀이다. 구전시대에 살던 시절이 더 신앙이 좋았다. 성경책이 없어지고 읽을거리가 없고, 보거나 들을 설교가 없는 상황에서, 내 마음에 남아 있는 오래된 말씀, 그것이 있는 자가 신자다. 말씀을 마음에 담자. 말씀을 주워 먹자. 시냇가에 심은 나무처럼 말씀을 주야로 묵상하자. 입안에 말씀이 가득해야 세상을 뒤집을 수 있다.[11]

예화 2 다음의 글은 1907년 부흥운동 당시 인천에서 활동하던 존스 선교사가 쓴 선교 보고서의 한 대목이다.

한국 교인은 성경을 외울 뿐 아니라 그대로 실천합니다. 어느 날 멀리 북쪽에서 한 평범한 교인이 우리 선교부를 찾아왔습니다… 우리는 그에게 방문 목적을 물었습니다. 그는 대답하기를, "저는 성경 말씀 중 몇 구절을 외우는데 그것을 보여 드리러 왔습니다." 하였습니다. 그는 1백 마일3백 리 이상 떨어진 곳에 사는 농부였습니다. 그는 목사에게 외운 성경 구절을 들려주려고 그 먼 거리를 나흘 동안 걸어서 온 것입니다. 그리고 목사 앞에서 마태복음의 산상설교 부분마 5~7장을 한 절도 틀리지 않고 외웠습니다. 목사는 그에게 성경을 단순히 외우는 것만으로는 부족하고 그것을 실천해야 한다고 말했습니다. 그러자 그는 얼굴빛이 밝아지면서 즉각 대답하기를 "제가 성경 공부하는 법이 바로 그렇습니다. 처음에 성경을 외우려고 애를 썼으나 잘할 수 없었습니다. 그래서 이 방법을 고안한 것입니다. 한 절을 외운 다음 이웃을 찾아가 그 말씀대로 그에게 실천했습니다. 그랬더니 외워지는 것입니다." 하였습니다. 한반도 산골 불신자 마을 한가운데서, 누구도 따라 할 수 없는 방법으로 이웃과 함께 자신의 삶에서 윤리적인 교훈을 깨달은 대로 하나씩 실천해 나가는 이 겸손한 교인이 있음을 상상해 보십시오. 한국 교회의 부흥은 당연한 것이 아니겠습니까?

_*The Korea Mission of the Methodist Episcopal Church*, 1910, 48쪽[12]

말씀 묵상: 렉티오 디비나

말씀 묵상은 믿음의 선배들의 전통인 '렉티오 디비나'Lectio Divina, 거룩한 독서의 네 단계를 모두 포함한다. 첫째 단계는 성경을 읽고 이해하는 단계인 '렉티오'lectio, 즉 소리 내어 읽기다. 둘째 단계는 읽은 말씀을 기억하고 되새기는 단계인 '메디타티오'meditatio, 즉 묵상이다. 셋째 단계는 묵상한 것을 토대로 하나님과 대화하는 단계인 '오라티오'oratio, 즉 기도다. 네 번째 단계는 읽고, 묵상하고, 기도한 내용이 일상에서 자신의 삶이 되도록 하는 단계인 '콘템플라티오'contemplatio, 즉 관상이다. 묵상은 렉티오 디비나의 네 단계를 모두 포함한다. 성경 본문에서부터 기도까지, 연구에서부터 실천까지를 전부 아우른다. 이성읽기과 지성묵상과 감성기도과 의지삶를 모두 사용한다.[13]

매일 정해진 성경 구절을 나지막한 목소리로 읊조리고, 그 말씀 가운데 가슴을 뜨겁게 하여 심비에 새길만한 말씀을 붙잡고, 그 말씀을 반복적으로 음독하면서 그 말씀이 내 안에 뿌리를 내리도록 암송하는 것이다. 내 심비와 몸에 새겨진 말씀이 일상에서 드러나도록 실천하는 것이다.

말씀 묵상은 통독과 더불어 정독, 더 나아가 암송을 하는 것이 좋다. 그리고 1년에 일독은 해야 한다. 그래서 "자기 나이만큼 성경을 읽지 못한 사람은 부끄러운 줄 알아야 한다."

구약: 39권, 929장

신약: 27권, 260장

총계: 66권, 1,189장

하루: 3장, 313일 × 3장 = 939장

주일: 5장, 52일 × 5장 = 260장

총 365일 1,199장

주의 말씀의 맛이 내게 어찌 그리 단지요

내 입에 꿀보다 더 다니이다 _시편 119:103

주의 말씀은 내 발에 등이요

내 길에 빛이니이다 _시편 119:105

말씀을 통해 당신의 뜻을 드러내시는 하나님,

우리의 말씀 묵상이 글을 읽는 것을 넘어

우리의 삶을 관통하게 하소서.

03

교회에서 늘 믿음을 강조하는데, 참된 믿음은 무엇일까요?

믿음: 임마누엘의 영성(사 7:9; 창 39:9)

참된 믿음이란 무엇일까?

구약의 예언자 가운데 믿음을 강조한 예언자가 있다. 이사야 예언자다. 이사야를 '절대 믿음의 예언자'라고도 한다. 이사야 7장에서 믿음에 관한 선포가 등장한다. 이사야 7장은 시리아와 에브라임이 동맹을 맺고 남 유다를 침공한 사건을 다루고 있다. 이를 시리아-에브라임 동맹 전쟁이라고 한다. 이 사건은 주전 735년에 발생한 유명한 전쟁이다.

이사야 7장 2절을 보면,

어떤 사람이 다윗의 집에 알려 이르되 아람이 에브라임과 동맹하였다 하였으므로 왕의 마음과 그의 백성의 마음이 숲이 바람에 흔들림 같이 흔들렸더라 _이사야 7:2

아람시리아과 에브라임북이스라엘이 동맹하여 유다를 침공한다는 소식에 유다의 왕 아하스의 마음이 두려움과 공포에 떨게 되었다. 왕의 두려움은 곧바로 백성의 두려움으로 전이되었다. 이때 예언자 이사야는 전쟁을 대비하기 위해 관개수로를 최종 점검하는 아하스 왕을 독대해 다음과 같이 권고한다.

그에게 이르기를 너는 삼가며 조용하라 르신과 아람과 르말리야의 아들이 심히 노할지라도 이들은 연기 나는 두 부지깽이 그루터기에 불과하니 두려워하지 말며 낙심하지 말라 _이사야 7:4

이사야는 이 전쟁의 결과를 아하스에게 미리 알려준다. 시리아와 에브라임 동맹국의 의도는 두 나라가 당시 대제국 아시리아의 패권에서 벗어나기 위해서 남 유다까지 독립 전쟁에 끌어들이려는 것이다. 그런데 남 유다의 아하스는 이런 제안을 거부한다. 그러자 두 동맹국은 아하스를 제거하고, 그들의 뜻을 따르는 다른 사람을 유다의 왕으로 세우려고 전쟁을 일으킨 것이다.

그런데 이러한 정치적 의도는 적어도 남 유다에는 적용될 수 없었다. 남 유다의 왕들은 다윗의 후손들만 왕이 될 것이고, 유다의 나라는 절대로 망하지 않는다는 나단 예언자를 통한 하나님의 약속이 있었기 때문이다.

> 네 집과 네 나라가 내 앞에서 영원히 보전되고 네 왕위가 영원히 견고하리라 하셨다하라 _사무엘하 7:16

따라서 두 동맹국의 시도는 하나님의 약속에 정면 도전하는 것이다. 하나님이 다윗의 왕조를 보호하실 것이라는 약속에 도전하는 것이다. 이 전쟁은 단순히 군사력의 경쟁인 '정치적인 사건'이 아니다. 하나님의 약속을 의심 없이 믿고 있는지의 '신학적 사건'이다. 이사야는 단호하게 말한다.

> 만일 너희가 굳게 믿지 아니하면 너희는 굳게 서지 못하리라 하시니라 _이사야 7:9

"굳게 믿다"는 히브리어로 '아만'이다, '아만'하지 않으면 '아만'을 경험하지 못한다. 즉 "아멘을 해야 아멘을 경험할 것이다"라는 말이다. 이 구절이 예언자 이사야의 핵심 메시지다. 믿음이란 하나님의 약속을 계산하지 않고, 그대로 받아들이는 것이다. 어떤 환경에서도 함께 하시는 하나님을 놓치지 않고 붙잡는 것이다.

믿음의 삶의 롤 모델

하나님의 함께하심을 히브리어로 '임마누엘'이라고 한다. 하나님의 함께하심을 믿고, 이를 의식하며 일상을 사는 삶을 '임마누엘의 영성'이라고 한다. 구약에서 임마누엘의 영성을 가진 대표적인 인물이 야곱의 아들 요셉이다. 요셉은 구약성경에 나오는 성공한 디아스포라 3인방 가운데 하나다. 흩어진 유대인 가운데 디아스포라 3인방은 이집트에서 성공한 요셉, 바빌로니아의 다니엘, 페르시아의 에스더다.

요셉은 이집트의 경호대장 보디발의 집에 노예로 팔려 온다. 요셉은 보디발의 아내가 은밀하게 유혹하는 그 순간, "내가 어찌 이 큰 악을 행하여 하나님께 죄를 지으리이까"창 39:9라고 고백한다. 요셉은 하나님을 쉽게 잊어버릴 수 있는 순간에 하나님을 철저하게 인식하고 붙잡는다. 요셉은 '임마누엘의 사람'이다. 보통 요셉을 '꿈의 사람'으로 말하지만, 이보다 더 중요한 것은 '임마누엘의 사람'이라는 사실이다. 요셉의 삶에서 가장 중요한 일은 하나님의 함께하심이다. 창세기 39장에서는 "하나님이 함께하심으로 형통하게 되었다"라는 표현이 세 번이나 나온다.

> 여호와께서 요셉과 **함께** 하시므로 그가 **형통**한 자가 되어 그의 주인 애굽 사람의 집에 있으니 _창세기 39:2

> 그의 주인이 여호와께서 그와 **함께** 하심을 보며 또 여호와께서 그

의 범사에 **형통**하게 하심을 보았더라 _창세기 39:3

간수장은 그의 손에 맡긴 것을 무엇이든지 살펴보지 아니하였으니 이는 여호와께서 요셉과 **함께** 하심이라 여호와께서 그를 범사에 **형통**하게 하셨더라 _창세기 39:23

'하나님의 함께하심'이 요셉의 형통함의 근본 원인이었다. 하나님의 함께하심은 사실 특정한 이에게만 국한된 것이 아니라, 모든 이에게 유효한 것이다. 임마누엘은 누구에게나 주어지는 보편적인 은혜다. 그러나 형통함은 아무에게나 임하는 것이 아니다. 특정한 사람에게만 경험된다.

'하나님의 함께하심'을 보편적으로 주어지는 '임마누엘의 은총'이라 한다면, '형통함'은 특별한 사람에게만 주어지는 '임마누엘의 능력'이라 할 수 있다. 요셉에게는 '임마누엘의 은총'이 '임마누엘의 능력'으로 경험되었다. 그러나 우리는 이러한 '임마누엘의 능력'을 경험하지 못할 때가 더 많은 것 같다. 왜 그럴까? 요셉에게는 있는데 우리에게는 없는 것, 그것이 무엇일까? 그것이 바로 '임마누엘의 영성'이다. '임마누엘의 영성'이 '임마누엘의 은총'을 '임마누엘의 능력'으로 전환하는 스위치가 된다. 영성이 있어야 은총이 능력으로 경험된다. 요셉에게 주어진 영성은 임마누엘의 영성이었다고 할 수 있다.

참 믿음은 늘 함께하시는 하나님을 붙잡는 것이다. 이러한 임마누엘의 영성으로 임마누엘의 능력을 누리며 살자.

임마누엘로 함께 하시는 하나님,

우리도 요셉처럼 함께하시는 하나님께 민감한 삶을 살아

임마누엘의 은총을 능력으로 경험하는 인생을 살게 하소서.

04

찬양은 기도의 또 다른 이름이라는데, 성경은 찬양에 대해 뭐라 말하나요?

찬양: 아무 때나 노래하는 이상한 새(사 43:21; 시 150:6)

찬양과 기도: 하나님과 소통의 통로

찬양은 하나님의 임재를 불러들이는 거룩한 의식이다.

> 이스라엘의 찬송 중에 계시는 주여
> 주는 거룩하시니이다 _시편 22:3

찬양 중에 성부, 성자, 성령의 삼위 하나님이 임재하신다. 찬양은 하나님을 초청하는 매개가 된다. 이때 가까이 오신 하나님께 말을 거는 것이 기도다.

> 너희가 내게 부르짖으며 내게 와서 기도하면 내가 너희들의 기도를 들을 것이요 _예레미야 29:12

찬양과 기도는 사람이 하나님과 소통하는 거룩한 통로가 된다. 우리는 찬양과 기도를 통해 하나님을 만나고 소통한다. 찬양에도 기도가 담기고, 기도에도 찬양이 담긴다.

찬양: 인생 제일의 목적

"사람의 제일가는 목적이 무엇인가?" "인생의 주요한 목적이 무엇인가?" "사람이 무슨 목적 때문에 지음을 받았는가?" 이는 웨스트민스터 소요리 문답서Westminster Shorter Catechism가 던지는 첫 번째 질문이다. 그 대답은 "하나님을 영화롭게 하고 그분을 영원토록 즐거워하는 것이다"Man's chief end is to glorify God, and to enjoy him forever. 우리가 이 세상에 창조된 가장 중요한 이유는 하나님을 찬양하기 위함이다.

> 이 백성은 내가 나를 위하여 지었나니
> 나를 찬송하게 하려 함이니라 _이사야 43:21

하나님을 찬양할 때 우리는 인생에서 가장 중요한 목적을 성취한다.[14] 우리는 하나님을 찬양할 때라야 비로소 우리가 하나님에 의해 창조된 피조물이라는 사실을 온전하게 깨닫는다.

찬양은 누구에게 유익한가?

사실 하나님이 당신께 찬양이 꼭 필요하기에 우리에게 찬양하라는 것이 아니다. 곰곰이 생각해보면, 하나님은 우리 없이 더 잘 사실 수 있었을 것 같다. 솔직하게 말하면, 그분이 우리를 만드신 이후, 우리가 그분에게 드린 것은 '두통'밖에 없는 것 같다.[16]

사실상 하나님을 찬양해야 할 절실한 필요가 있는 것은 하나님이 아니라 사람이다. 그렇지 않으면 사람은 자신의 피조성의 온전한 의미를 알 수 없기 때문이다.

찬양: 고대 이스라엘의 창조성

고대 이스라엘이 창조성을 가장 잘 발휘한 분야가 바로 하나님을 찬양하는 것이다. 다른 문화들은 미술이나 실용 예술, 건축이나 천문학, 조각상이나 상아 세공, 약품 처리 보존이나 전쟁에 탁월한 기술이 있었다. 그러나 이스라엘이 가장 잘한 일은 하나님을 찬양하는 것이었고, 그들도 그것을 잘 알고 있었다.[17] 그래서 그들은 다음과 같이 찬양한다.

내가 날마다 주를 송축하며

이러한 전통은 유대인들에게 계속해서 오늘날까지도 유지되고 있다. 유대인의 기도서에 보존되어 있는 성경 시대 이후의 '찬송문 모음집'이라는 것이 있다.[18] 여기에는 '계란을 먹을 때 하는 찬양', '별똥별을 보거나 아름다운 나무를 봤을 때 하는 찬양', '좋은 스승을 만났을 때 하는 찬양', '좋은 소식이나 나쁜 소식을 들었을 때 하는 찬양' 등이 있다. 일상이 찬양거리로 가득 차 있다.

특이한 것은 유대교의 찬송문 가운데 하루 중 처음으로 드리는 찬양이 있다. 이는 예배자들이 아침에 볼일을 볼 수 있는 것에 대해 하나님께 찬양하는 내용이다.

오 복되신 주님,
이 우주의 왕이시여,
당신은 인간을 지혜로 지으시고,
그들 안에 수많은 관과 통로를 만드셨습니다.
그것 중에서 닫혀야 하는 것이 하나라도 열리거나,
열려야 하는 것이 하나라도 닫히면
우리는 존재할 수 없고
당신 앞에 설 수도 없다는 것을
영광의 보좌에 계신 당신은 아십니다.
오 복되신 주님,

육체의 치료자시여,

당신의 행하심이 놀랍습니다.[19]

이러한 찬양은 시편 기자의 고백에서도 볼 수 있다.

주께서 내 내장을 지으시며

나의 모태에서 나를 만드셨나이다

내가 주께 감사하옴은

나를 지으심이 심히 기묘하심이라

주께서 하시는 일이 기이함을

내 영혼이 잘 아나이다 _시편 139:13~14

찬양은 어느 때나: 아무 때나 노래하는 '이상한 새'

바울과 실라가 오늘의 그리스에 속한 빌립보에서 최초로 유럽을 향해 복음을 전한 일이 있었다. 그러나 이 일로 인해 오히려 고발을 당해 옷이 찢기어 벗기어지고 매를 많이 맞았다. 이어서 바로 빌립보 감옥에 차꼬에 채워 갇혀 버렸다. 그런데 인생의 터전이 요동칠 때, 바울과 실라의 입에서는 찬양이 흘러나왔다.

한밤중에 바울과 실라가 기도하고 하나님을 찬송하매 죄수들이 듣더라 _사도행전 16:25

이런 까닭에 마틴 루터는 그리스도인을 가리켜 '이상한 새'라고 불렀나 보다. 도무지 노래할 형편과 처지가 아님에도 노래 부르는 사람이 그리스도인이다.[20] 찬양은 인생이 순항할 때만 나오는 것이 아니다. 때로는 역풍을 만나 인생이 흔들릴 때도 찬양을 할 수 있다. '감사 찬양'도 있지만, '탄원 찬양'도 있다. 예레미야 애가의 마지막 노래는 이 점을 잘 보여준다.

21 여호와여 우리를 주께로 돌이키소서
그리하시면 우리가 주께로 돌아가겠사오니
우리의 날들을 다시 새롭게 하사 옛적 같게 하옵소서
22 주께서 우리를 아주 버리셨사오며
우리에게 진노하심이 참으로 크시니이다 _예레미야애가 5:21~22

인생의 부침을 경험할 때마다 찬양을 통해 하나님과 더 가까워지는 은혜가 가득하기를 바란다.

호흡이 있는 자마다
여호와를 찬양할지어다 할렐루야 _시편 150:6

찬양의 이유되시는 하나님,
인생의 희로애락의 순간
찬양을 통하여 하나님과 더 가까워지는 은혜를 주시옵소서.

05

하나면 하나고 셋이면 셋이지, 삼위일체는 또 뭔가요?

삼위일체: '나란히 그리고 더불어' 살라는 명령(요 14:11)

삼위일체는 왜 중요한가? 삼위일체론은 기독교의 정체성과 독특성을 담고 있기 때문이다. 기독교는 유신론이다. 그래서 무신론인 불교와 다르다. 또한 기독교는 유일신론이다. 그래서 다신론을 전제하는 고대 그리스와 로마의 신화와 다르다. 더 나아가 기독교는 정확하게 말하면 삼위일체론이다. 그래서 유일신론을 주장하는 유대교나 이슬람교와도 다르다. 이처럼 삼위일체론은 기독교의 독특성과 정체성을 밝히는 초석이다.[21] 따라서 삼위일체론은 기독교의 핵심 교리라고 할 수 있다. 기독교의 하나님은 삼위일체의 하나님이시다.

그런데 '삼위일체'Trinity라는 용어는 구약성경과 신약성경 어디에도 나오지 않는다. 구약에는 삼위일체에 대해 '부분적 계시'partial revelation로 나타나고, 신약에서는 '완전한 계시'perfect revelation로 나타난다고 한다.[22] 그래서 삼위일체와 연관된 신약성경의 구절들은 적지 않게 나타난다마 28:19; 행 2:32~33; 고전 6:11, 12; 갈 3:11~14; 히 10:29; 벧전 1:2 등. 이 가운데 대표적인 구절이 마태복음 28장 19~20절이다.

> 19 그러므로 너희는 가서 모든 민족을 제자로 삼아 **아버지와 아들**과
> **성령**의 이름으로 세례를 베풀고 20 내가 너희에게 분부한 모든 것을
> 가르쳐 지키게 하라 볼지어다 내가 세상 끝날까지 너희와 항상 함
> 께 있으리라 하시니라 _마태복음 28:19~20

예수님의 이 명령에서 보는 바와 같이, 초기 기독교인들은 '하늘에 계신 아버지 하나님', '땅 위에 오신 구세주 예수', '보혜사 성령'이라는 '세 분의 하나님'을 섬기게 된다. 그런데 구약성경은 하나님이 유일하신 분이라고 가르친다. 구약성경의 하나님은 모세를 통해 다음과 같이 당신이 유일하신 신이라는 사실을 계시하셨다.

> 4 이스라엘아 들으라 우리 하나님 여호와는 오직 **유일한 여호와이**
> **시니** 5 너는 마음을 다하고 뜻을 다하고 힘을 다하여 네 하나님 여호
> 와를 사랑하라 _신명기 6:4~5

신약에서는 하나님은 세 분이고, 구약에서는 하나님은 한 분이시다. 따라서 초기 기독교인들의 당면한 과제는 아버지와 아들과 성령이 어떻게 셋이 아니고, 하나일 수 있는가를 이해하는 것이었다. 하나님은 '삼위'三位로 존재하지만, 본질적 하나 됨, 즉 '일체'一體다. 이것이 초기 기독교 신학자들이 삼위일체론이라는 매우 특이하고 난해한 교리를 서둘러 만들어야 했던 이유다.

> 성부와 성자와 성령 안에서 신학적으로 정식화되는 거룩하고 온전한 삼위일체야말로 주님이 전수하셨고, 사도들이 선포했으며, 교부들이 보존한 보편교회의 신앙과 교리이다.
>
> _아타나시우스: 4세기 북아프리카 신학자, 삼위일체 교리 옹호로 유명[23]

삼위일체론은 '그리스도와 성령은 모두 하나님이다'라는 설명과 '하나님은 유일한 하나님이다'라는 설명을 하나로 묶는 것이다. 성부, 성자, 성령이 '나뉨 속에서도 연합'해 있고, '분리되지 않는 하나이면서 동시에 구분되는 셋'이라는 가르침이 삼위일체론이다. 이러한 현상은 인간의 이성으로는 이해하기가 쉽지 않다.

그래서 최근에는 삼위일체를 그리스어 '페리코레시스'perichoresis라는 용어로 설명한다. 페리코레시스는 '상호 내주'circuminsessio와 '상호 침투'circumincessio라는 의미를 동시에 갖는다.[24] '상호 내주'는 연합을, '상호 침투'는 혼합되지 않음을 표현한다. 연합하지만 혼합되지는 않는다. 이를 우리말로 하면, '나란히 그리고 더불어'

라는 의미다. 성부와 성자와 성령이 '서로가 서로의 안에 침투해 들어가 있다'는 뜻이다.

> 성자가 성부 안에, 성부가 성자 안에, 성령이 성부와 성자 안에, 그리고 성부와 성자가 성령 안에 존재한다. 서로 안에 있는 인격들의 이러한 친밀한 내주와 완전한 침투는 삼위일체적 페리코레시스에 의해 표현될 수 있다.[25]

이 점은 이미 요한복음 14장 11절이 잘 말하고 있다.

> 내가 아버지 안에 거하고 아버지께서 내 안에 계심을 믿으라
>
> _요한복음 14:11

'구분되지만 분리되지 않고, 연합되지만 혼합되지 않는' 것이 삼위일체론의 본질이다. 이것을 어떻게 이해할 수 있을까? 놀랍게도 음악에는 이러한 삼위일체의 특성을 표현할 수 있는 특별한 요소가 존재한다. 음악의 특징은 서로 다른 여러 가지 음이 동시에 울려 화음[harmony]을 이룬다는 것이다.

예를 들면, 피아노로 '도'를 치면, 정확하게 그 '음'을 들을 수 있다. 그런데 '도'와 함께 '미'와 '솔'을 동시에 친다고, 그 음을 혼합해 '파'로 듣지 않는다. 이 세 음은 화음을 이룬 채[구분되지만 분리되지 않고, 연합되지만 혼합되지 않는 형태로] 귀에 들려온다. 화음을 이루는 각 음은 상호 배타적으로 분리되지 않지만, 상호 융합적으로 혼합되지

도 않는다. 그래서 화음이 만들어진다. 이 현상은 우리의 청각이 가진 특성에서 기인한다.[26]

그렇다면 삼위일체는 오늘의 우리에게 어떤 의미를 주는가? 인간은 신적 페리코레시스삼위일체적 페리코레시스, 곧 상호 내주, 상호 침투적인 사랑 안에서 드러나는 '완전히 평등한 사귐과 교제'를 이 땅에서 실현하도록 부름을 받았다. 즉 인간 공동체는 삼위일체의 형상으로 지음을 받았다.

인간은 삼위일체의 하나님을 따라서, 서로서로 '나란히 ,그리고 더불어' 상호 내주적이고, 상호 침투적인 사랑을 실현하며 살아가는 존재다. 사랑으로 상호 내주하며 상호 침투하며 '나란히, 그리고 더불어' 사는 공동체는 그 어떤 '배타적 요소'나 '위계적 지배'나 '특권에 의한 종속'이 존재할 수 없다. 오직 사랑에서 나온 '평등한 사귐'과 '자유로운 교제'만 존재한다. 그래서 구성원 모두는 기쁨뿐 아니라 슬픔도, 희망뿐 아니라 절망도, 삶뿐 아니라 죽음도 함께 느끼고 함께 나눈다.[27]

따라서 삼위 하나님의 일체는 우리가 하나님의 이름으로 상호 내주적이고 상호 침투적인 포용과 사랑을 베풀어 '나란히, 그리고 더불어' 사는 공동체를 만들라는 준엄한 명령이다.

존재 자체에서 연합을 이루시는 하나님,

우리도 하나님을 닮아

나란히, 그리고 더불어

서로 포용하고 사랑하며 살게 하소서.

06

매주 예배 때마다 고백하는 사도신경은 어떤 의미가 있나요?

사도신경: 그리스도교의 작은 교리서(마 28:19)

사도신경使徒信經, Apostles' Creed의 기원: 세례 문답

사도신경이란 이름은 오순절 이후 성령의 임재를 체험한 열두 사도가 각각 한 가지씩 고백한 12가지 항목을 함께 모은 것이라는 '전설'에서 유래했다.[28] 그러나 이것은 사실이 아니고 '경건한 전설'이다. 사도신경은 사도들이 직접 쓴 것이 아니다. 사도들이 작성한 신경이 아니다. 사도신경은 '사도들에게 가르침을 받은 제자들이 작성한 신경'이라는 말을 줄여서 '사도신경'이라고 부르는 것이다.[29]

사도신경은 기원후 2~3세기 로마에서 사용되던 '세례 문답'에서 기원한다.[30] 마태복음 28장 19절에 따르면, 부활하신 예수님은 "모든 민족을 제자로 삼아 아버지와 아들과 성령의 이름으로 세례를 주라"고 하신다. 세례를 받는 사람은 다음과 같은 삼중의 질문을 받았다.

당신은 전능하신 아버지 하나님을 믿습니까?
당신은 예수 그리스도를 믿습니까?
당신은 성령을 믿습니까?[31]

세례를 받은 사람들은 세 가지 물음에 매번 "나는 믿습니다"라고 대답하며, 매번 대답 후에는 물에 들어가면서 세례를 받았다. 세례받는 자는 "나는 전능하신 아버지 하나님을 믿습니다"라고 고백하고 물속에 들어갔다 나온다. 이어서 "나는 예수 그리스도를 믿습니다"라고 고백하고 다시 물속에 들어갔다 나오고, "나는 성령을 믿습니다"라고 고백하며 마지막으로 물속에 들어갔다 나오며, 세례를 받았다.

이러한 세례 문답의 내용은 기원후 4세기에 와서는 질문과 대답의 형식을 벗어나 직설적 진술의 형식으로 변하게 되고, 5세기에 비로소 완결된 신앙 고백문의 형태를 띠게 되었다. 사도신경의 텍스트는 교부마다 조금씩 차이가 났었지만, 750년에 피르미니우스Pirminius의 텍스트가 공인 본문으로 서방교회에서 인정받게 되었다. 10세기에 와서 신성로마제국의 첫 황제 오토 대제가

세례식 때 사도신경을 자기가 다스리는 제국 전체에서 사용하도록 했다.[32]

이처럼 사도신경의 신앙고백은 오랜 세월 동안 다듬어지고 완성되어 지금은 기독교 신앙의 핵심적인 요약으로 가톨릭교회와 개신교회에서 모두 사용되고 있다. 동방 정교회는 니케아 신경기원후 325년, 기독교 최초의 신앙고백만을 받아들인다.

사도신경의 뜻: 신앙의 암호

사도신경의 원래 이름은 '사도들의 상징' symbolum apostolorum이다. 이 명칭은 기원후 390년 밀라노 교회회의synod가 시리키우스 교황에게 보낸 편지에서 처음 발견된다.[33] 여기서 '사도들'의 의미는 신약성경에 기록되어 있는 사도들의 증언 내용과 일치한다는 의미다. 사도들이 직접 기록했다는 뜻은 아니다.

'상징'symbolum은 '표시' indicium 혹은 '표징'signum이라는 뜻이다. 즉 '사도들의 표시' 혹은 '사도들의 표징'이라는 뜻이다. 즉 사도신경은 열두 사도의 신앙 고백으로 이루어진 기독교의 독특한 증표라는 것이다. 마치 전쟁에서 아군과 적군을 구별하기 위해 미리 정한 암호를 묻고 대답하듯이, 사도신경은 기독교인의 공동체성과 정체성을 드러내는 '신앙의 암호'와도 같다.[34] 사도신경을 믿고 암송하는 사람들은 서로 아군임을 입증하는 표시다.

사도신경의 구조와 내용: 그리스도교 신앙의 작은 교리서

사도신경 원문에는 '나는 믿습니다'Credo라는 단어가 두 번 나온다. 우리말 번역은 네 번 나온다. 사도신경은 가장 먼저 삼위일체 하나님, 성부와 성자와 성령에 대한 믿음을 고백한다.

> 나는 믿습니다! 전능하신 아버지 하나님, 천지의 창조주를.
> 나는 믿습니다! 그의 유일한 아들, 우리 주 예수 그리스도를.
> …
> 나는 믿습니다! 성령님을.

성부와 성자와 성령에 이어서, 거룩한 공교회와 성도의 교제와 죄를 용서하는 것과 몸의 부활과 영생이 언급된다. 전체 12항목이 된다. 사도신경의 12항목은 기독교 신앙의 핵심을 간결하게 요약한 것이다. 사도신경은 신론, 기독론, 성령론, 교회론, 속죄론, 부활론, 구원론을 총망라하고 있다. 사도신경은 기독교 신앙의 정체성을 압축하여 담아내고 있다. 성경의 핵심 가르침을 압축하고 농축한 내용이다. 그래서 사도신경은 그리스도 신앙의 '작은 교리서'라고도 불린다.[35]

"나는 믿습니다"credo의 의미

첫째, 신앙은 동의assent를 의미한다. "나는 하나님을 믿습니다"라는 고백은 "나는 하나님이 계심을 믿습니다." 또는 "나는 하나님이 존재하신다는 견해에 동의합니다"라는 뜻이다.

둘째, 신앙은 신뢰trust를 의미한다. "나는 예수 그리스도를 믿습니다"라고 고백할 때, 나는 그저 과거에 예수라는 이름의 한 사람이 살았음을 언급하는 것이 아니다. 나는 그분을 향한 나의 신뢰를 확증한다는 뜻이다.

셋째, 신앙은 헌신commitment을 의미한다. 기독교로 회심한 이들이 하나님과 예수 그리스도, 성령님에 대한 자신의 믿음을 고백했을 때, 그들은 복음을 향한 자신의 헌신을 공개적으로 드러낸 것이다.

넷째, 신앙은 순종obedience이다. 신앙은 우리를 부르신 하나님을 기꺼이 신뢰하고 그분께 순종하겠다는 마음의 자세이다.[36]

사도신경이 생겨난 자리는 초대교회의 예배 의식, 특히 세례식이다. 일종의 기독교 입문 의례인 세례식 때 참가자들은 과거와 결별하고 새로운 세계를 향해 길 떠나기로 결단한 표로 자기들의 믿음을 공적으로 고백해야 했다.[37] 나는 믿습니다. 성부와 성자와 성령을 비롯한 12개의 항목의 내용을.

"삼위일체의 하나님을 믿습니다"라는 고백은 다음과 같은 말이다. 삼위일체의 하나님이 계시다는 견해에 '동의'합니다. 그리고 삼위일체의 하나님을 '신뢰'합니다. 삼위일체의 하나님께 '헌신'합니다. 삼위일체의 하나님께 '순종'하며 살겠습니다. 사도신경의 12항목을 고백할 때마다, 나의 세례식을 회상하며 옛사람을 버리고 새로운 사람으로 태어나는 비장함과 감동과 결단을 되새

김질하는 시간이 되기를 바란다.

하나님,

그리스도와 함께 죽었고,

그리스도와 함께 살아났음을 뜨겁게 경험했던

나의 세례침례식을 가슴에 담고 살게 하소서.

07

하나님의 섭리와 인간의 자유의지가 충돌하는 경우 어떻게 해야 할까요?

섭리와 자유의지: 참새의 날갯짓(잠 16:9; 롬 8:28)

하나님은 왜 인간에게 자유의지를 주셨는가?

하나님은 인간을 '하나님의 형상'을 따라 창조하셨다.

하나님이 이르시되 우리의 형상을 따라 우리의 모양대로 우리가 사람을 만들고 그들로 바다의 물고기와 하늘의 새와 가축과 온 땅과 땅에 기는 모든 것을 다스리게 하자 하시고 _창세기 1:26

하나님의 형상으로 창조된 인간은, 하나님이 자유롭게 오셔서 말을 걸 수 있는 존재며, 이 하나님의 대화에 자유롭게 반응하는 존재다.[38] 따라서 인간이 하나님의 형상으로 창조되었다는 사실은 "인간이 하나님과 관계를 맺고 있다"는 것이다. 인간은 하나님과 관계를 맺으며, 하나님과 영적인 교제가 가능한 존재다. 인간은 하나님의 대화의 파트너로 창조되었다. 그런데 진정한 교제는 자유의지가 전제된다. 독립된 의지가 없는 대상과는 진정한 대화나 교제가 불가능하다. 자기 의지가 없는 대상은 진정한 대화의 상대가 될 수 없다.

인간은 로봇이나 인형이 아니다. 하나님은 소유하고 즐기려고 인간을 창조하신 것이 아니다. 하나님은 인간과 사귀고 교제하고 대화하기 위해 독립된 자유의지를 부여하셨다. 하나님은 당신이 창조하신 사람과 대화하고 교제하기를 원하신다. 하나님은 우리와의 대화에 굶주리신 분이다.

인간의 자유의지는 죄의 통로가 된다

그런데 인간은 하나님이 주신 자유의지를 가지고 뱀의 유혹에 넘어가서 하나님과 교제하기를 거부하고, 하나님의 진심을 의심하고 하나님을 거역한다. 최초의 인간인 아담과 하와는 '하나님과 같이' 되려는 욕망에 사로잡혀 불순종함으로써 하나님과의 관계를 파괴한다.

4 뱀이 여자에게 이르되 너희가 결코 죽지 아니하리라 5 너희가 그

것을 먹는 날에는 너희 눈이 밝아져 하나님과 같이 되어 선악을 알 줄 하나님이 아심이니라 _창세기 3:4~5

인간은 하나님의 형상을 따라 창조되었으나, 이제 그 형상은 죄로 인해 흐려지고 왜곡된다.[39] 인간은 하나님의 피조물로서 하나님과 관계하는 '의존적인 존재'이지, '동등한 존재'는 아니다. 하나님은 본질적으로 '자존적 존재'이지만, 하나님도 성부 하나님, 성자 하나님, 성령 하나님이라는 삼위일체 관계 안에서 존재한다. 이렇게 본다면, 하나님도 '관계적 존재'다. 하나님의 형상으로 창조된 인간도 관계적 존재다.

인간에게 가장 중요한 근원적인 관계는 창조주 하나님과의 관계다. 인간과 하나님의 진정한 관계는 '하나님에 대한 의존성'이다. 인간은 '자존자'自存者가 아니다. 인간은 '의존자'依存者이다. 인간은 하나님이 될 필요가 없다. 인간은 인간일 때 가장 아름답고, 참 인간이 된다. 인간이 이러한 본래성을 거부하고 창조주 하나님께 대한 독립성을 선언하는 것이 죄이다. 즉 죄는 하나님의 은혜하나님께 대한 의존성를 거부하고, 우리 자신을 절대화하는 모습자아 중심적 우상숭배으로 드러난다.[40]

인간의 자유의지는 유혹에 취약하며, 결국 유혹에 넘어가서 죄의 통로가 된다. 우리의 자유의지는 오늘도 흔들린다.

하나님의 섭리를 따른다는 것은 어떤 것인가?

인간의 자유의지와 하나님의 섭리는 늘 긴장 관계에 놓여있다. 성경은 하나님의 형상으로서 인간의 자유와 책임뿐만 아니라 하나님의 섭리도 강조한다.

하나님의 섭리란 어떤 의미일까?

'섭리'providentia라는 용어는 '삼위일체'trinitas처럼 성경에는 나오지 않는 말이다. 하지만 둘 다 기독교 교리를 떠받치는 튼튼한 기둥이다. 섭리의 어의는 '미리 보는 것'pro-videre이다. 기독교에서는 이 말을 '하나님이 인간과 교회 그리고 **세계를 미리 정한 목적에 따라 이끄는 의지**'로 해석한다.[41]

또한 미국의 장로교 신학자인 도날드 맥킴Donald McKim, 1950~은 하나님의 섭리를 다음과 같이 정의한다. 하나님의 섭리란 '역사 속에서 하나님이 자신의 신적인 목적을 이뤄나가기 위한 수단으로서 창조와 인간을 **유지**하고, **인도**하고, 계속해서 **참여**하시는 활동'이다.[42] 하나님은 피조물에 모든 것을 제공하고 **유지**하고 **인도**하시지만, 이를 위해서 하나님은 피조물의 삶에 **참여**하신다. 전능하신 하나님은 동식물과 인간의 건강을 유지하고, 번영하는 삶으로 **인도**하고자 비를 내려주기 위해서, 이 땅에 **참여**하여 구름을 만들어 주신다.

그가 구름으로 하늘을 덮으시며
땅을 위하여 비를 준비하시며

산에 풀이 자라게 하시며 _시편 147:8

하나님의 섭리를 따른다는 것은, 우리 자신에 대한 하나님의 목적이 있음을 굳게 믿고, 하나님이 우리를 유지하고 인도하고 우리 삶에 참여하심을 인정하는 것이다. 즉 하나님이 허락하시지 않으면 참새 하나도 땅에 떨어지지 않지만, 이를 위해서 참새도 날개를 접지 않고, 열심히 날갯짓해야 한다.[43]

참새 두 마리가 한 앗사리온에 팔리지 않느냐 그러나 너희 아버지께서 허락하지 아니하시면 그 하나도 땅에 떨어지지 아니하리라 _마태복음 10:29

참새의 날갯짓이 하나님의 섭리를 인정하고 참여하는 모습이다. 이는 한 지혜자의 권면을 수긍하는 것이다.

사람이 마음으로 자기의 길을 계획할지라도
그의 걸음을 인도하시는 이는 여호와시니라 _잠언 16:9

하나님의 섭리를 따를 때의 은혜는?

우리는 우리 자신을 향한 하나님의 섭리를 다 알 수 없기에, 때론 답답하고 조급해하며 하나님께 매달리며 간구한다. 예수 그리스도의 겟세마네 기도처럼마 26:39, 하나님의 뜻과 나의 뜻 사이에 구분이 있을 수 있다. 우리도 "나의 원대로 마시옵고 아버지의 원대로 하옵소서"라고 기도할 수 있어야 한다. '하나님의 섭리가 모든 것을 다스리기' 토마스 아퀴나스 때문이다. '모든 사건은 하나님의 감추어진 뜻에 의해 다스림을 받기' 칼뱅 때문이다.[44] 그래서 사도 바울은 다음과 같이 확신하며 말한다.

> 우리가 알거니와 하나님을 사랑하는 자 곧 그의 뜻대로 부르심을 입은 자들에게는 모든 것이 합력하여 선을 이루느니라 _로마서 8:28

기독교인의 삶은 섭리의 하나님과 자유로운 인간이 함께 만들어 가는 세상이다. 하나님의 섭리를 믿는 사람들은 기도로 하나님의 섭리를 바꿀 수는 없지만, 자기 자신의 마음은 바꿀 수 있다. 이것이 은혜다. 하나님의 섭리를 따를 때의 은혜는, 자신이 그토록 바랐던 그것이 욕심과 욕망임을 깨닫고, 이를 내려놓고 마음의 평안을 되찾고 누리는 것이다. 현대 신학자 라인홀드 니버Reinhold Niebuhr, 1892~1971의 다음의 기도가 우리의 기도가 되었으면 한다.

> 하나님, 제가 변화시킬 수 없는 일은, 받아들일 수 있는 평온 serenity 을 주시고,
> 제가 할 수 있는 일은 변화시킬 수 있는 용기courage를 주시며,
> 둘의 차이를 알 수 있는 지혜wisdom를 주옵소서.[45]

그리고 오늘도 참새의 날갯짓을 멈추지 맙시다.

창조의 하나님,

우리에게 자유의지를 허락하시니 감사합니다.

우리가 하나님의 섭리를 거스르지 않고,

날갯짓을 멈추지 않는

당신의 백성이 될 수 있게 해 주소서.

Part 2

교회와 공동체

08

교회는 어떻게 생겨났고, 무엇을 지향하는 곳인가요?

교회: 하나님 나라를 미리 맛보는 대안 공동체(고전 12:26~27)

교회라는 단어는 헬라어로 '에클레시아'다. 이 용어는 성경에서 "내가 이 반석위에 내 교회를 세우리니 음부의 권세가 이기지 못하리라"마 16:18라는 예수님의 말씀에서 처음 언급되었다. '에클레시아'는 원래 로마 시대에 정치적인 목적이나 종교적인 목적으로 일정한 시간과 장소에서 모이는 정규 모임을 가리킨다. 성경에서도 이런 의미로 '에클레시아'라는 용어가 쓰인 적이 있다.

만일 그 외에 무엇을 원하면 정식으로 **민회**에클레시아에서 결정할지라
_사도행전 19:39 [46]

'에클레시아'는 '밖으로'를 뜻하는 '에크'와 '부르다'를 뜻하는 '칼레오'가 합쳐진 용어다. 즉 '에클레시아'는 특별한 목적을 위해 불려 나온 사람들이고 그 사람들의 공동체다. 한마디로 '에클레시아'는 '불려 나온 사람들의 모임'이다.[47] 따라서 교회는 예배당이 아니라 예배하는 사람들의 모임이라 할 수 있다.

두세 사람이 내 이름으로 모인 곳에는 나도 그들 중에 있느니라

_마태복음 18:20

역사적으로 교회는 예수님의 부활 이후 생겨났다. 하나님 나라를 선포하던 예수 그리스도의 제자들이 공동체를 형성했고, 그 공동체가 성령의 오심과 함께 교회가 되었다.

우리나라에 개신교가 들어온 것은 일반적으로 장로교 선교사 언더우드와 감리교 선교사 아펜젤러가 제물포항에 도착한 1885년을 원년으로 삼는다. 한 한국교회사가에 따르면, 그로부터 2년 이후 1887년 서울의 서소문 근처 정동에서 처음으로 장로교회새문안교회와 감리교회정동제일교회, 1887년 10월 9일가 창립되었다.[48] 따라서 우리나라 최초의 교회는 새문안교회와 정동제일교회인 셈이다.

성경에 교회를 소개하는 여러 개념이 나오지만, 그중 가장 중요하고 흥미로운 것은 교회가 '그리스도의 몸'이라는 것이다.

26 만일 한 지체가 고통을 받으면 모든 지체가 함께 고통을 받고 한
지체가 영광을 얻으면 모든 지체가 함께 즐거워하느니라 27 너희는

그리스도의 몸이요 지체의 각 부분이라 _고린도전서 12:26~27

교회가 그리스도의 몸이라는 것은 교회에 속한 교인들이 모두 하나라는 것이고, 하나 된 교회가 삶을 나누는 공동체임을 보여준다. 공동체란 말 그대로 '공통의 몸'을 가진 '하나의 지체'라는 뜻이다.[49] 교회는 한 몸이다. 교회의 머리는 그리스도이고, 우리는 모두 그 머리에 붙어 있는 한 지체이다.

15 오직 사랑 안에 참된 것을 하여 범사에 그에게까지 자랄지라 그는
머리니 곧 그리스도라 16 그에게서 온몸이 각 마디를 통하여 도움을
받음으로 연결되고 결합되어 각 지체의 분량대로 역사하여 그 몸을
자라게 하며 사랑 안에서 스스로 세우느니라 _에베소서 4:15~16

교회가 한 몸이고, 우리의 몸이 교회라면, 우리 몸에서 지금 가장 중요한 곳은 어딜까? 심장일까? 뇌일까? 심장이나 뇌가 아니다. 우리 몸에서 가장 중요한 곳은 '지금 아픈 곳'이다. 가정 안에서도 아픈 사람이 중심이다. 나라도 마찬가지이다. 대통령, 장관, 기업 총수, 목사가 국가의 중심이 아니다. 지금 아픈 사람, 눈물을 흘리는 사람이 중심이다.[50]

교회에서도 가장 중요한 대상은 지금 아픈 사람이다. 지금 눈물 흘리는 사람이다. 그래서 공동체로서 교회는 특히 약자에게 민감해야 한다. 마태복음에 나오는 최후 심판의 비유에 따르면, 약자에 대한 연대와 섬김이 영벌과 영생을 나누는 기준이 된다.

내가 진실로 너희에게 이르노니 너희가 여기 내 형제 중에 지극히 작은 자 하나에게 한 것이 곧 네게 한 것이니라 _마태복음 25:40

기원후 1세기 초대교회는 세상이 규정하는 가치관을 거스르며 예수님의 십자가와 부활이 가져온 새로운 창조로서 세상을 마주했던 공동체였다. 당시 그리스도인이 된다는 것은 그 시대에 일반적이고 정상적으로 여겼던 삶의 방식마저 뒤엎는 특별한 존재로 살겠다는 것을 의미했다.[51]

내가 그리스도와 함께 십자가에 못 박혔나니 그런즉 이제는 내가 사는 것이 아니요 오직 내 안에 그리스도께서 사시는 것이라 이제 내가 육체 가운데 사는 것은 나를 사랑하사 나를 위하여 자기 자신을 버리신 하나님의 아들을 믿는 믿음 안에서 사는 것이라 _갈라디아서 2:20

그런즉 누구든지 그리스도 안에 있으면 새로운 피조물이라 이전 것은 지나갔으니 보라 새 것이 되었도다 _고린도후서 5:17

그러나 교회에서 우리가 만나는 사람들은 완전히 거룩하게 된 의인이 아니다. 루터의 표현을 빌리면, 교인들은 '의인이면서 동시에 죄인'인 모순 속의 존재들이다. 그 모순이 극복될 때인 하나님의 미래에 대한 믿음 속에서 삶의 부조리와 서로의 다름을 인정하고 인내하는 법을 배우는 곳이 교회다.[52]

우리는 모두 결함을 지닌 인간입니다. 우리는 뒤엉킨 생각과 상처 입은 마음을 가지고 교회를 찾습니다. 교회에 가면 우리는 우리 자신의 혼란과 상처뿐 아니라 타인의 혼란과 상처도 마주합니다. 그리스도의 몸인 교회가 당신을 너그럽게 감싸 안아 주기를 바란다면 당신도 그리스도의 상처 입은 몸을 너그러이 대하십시오.[53]

교회는 하나님 나라의 가치에 부합하는 존재 방식을 끊임없이 추구하면서 지상의 체제와 사회에 대한 강력한 대안적 공동체, 즉 대조사회가 되어야 한다.[54] 교회는 현실의 삶에서 여러 부족함과 거듭된 실패 속에서도 하나님 나라를 자기의 과제로 삼고, 지금 여기서 하나님 나라의 모습을 부분적으로 미리 맛보는 곳이 되어야 한다.[55]

교회는 완성된 기관이 아니다. 교회는 완성을 향해 끊임없이 나아가는 '되어 가는 존재'Being in becoming다. 교회는 그리스도의 몸으로서 하나님 나라의 통치 이념인 하나님 사랑과 이웃 사랑을 최고의 가치로 믿고, 이를 이 땅에서 하나님 나라가 완성될 때까지 실천해가는 공동체다. 동시에 완성된 하나님 나라를 미리 경험하고 맛 보는 곳이다.

하나님, 한 몸 된 교회가 하나님을 사랑하고 이웃을 사랑하며
작은 하나님 나라가 되게 하소서.

09

요즘 가나안 성도가 많아지고 있는데, 가나안 성도 현상 어떻게 봐야 하나요?

가나안 성도: 교회의 변화 없이 가나안 성도의 귀환은 없다!(삼상 22:1~2)

가나안 성도는 '기독교인으로서의 정체성은 있지만, 현재 교회에 출석하지 않으면서 개인적으로 신앙생활을 하는 기독교인'이라고 정의할 수 있다. 가나안 성도 대부분은 한두 교회에 10년 이상 정착해서 교회에 다니던 사람들이었으며, 그중 절반가량은 소위 구원의 확신도 있는 매우 진지한 기독교인이다.[56] 가나안 성도 현상은 오늘날 우리 사회에서만 갑자기 등장한 것은 아니다. 그것은 과거에도 있었고 다른 사회에서도 존재하는 현상이다.[57] 한국 교회 안에도 이제 '예수를 따르기 위해 교회를 떠난다' leaving church to follow Jesus는 서구 교회의 모토가 현실로 다가와 있다._송태근 목사

현재 우리나라 가나안 성도의 수가 얼마나 되는지 정확히 추정하기는 어렵다. 2005년 인구주택 총 조사에서 집계한 바에 따르면, 개신교 인구가 862만 명이다. 전문가들은 이 가운데 가나안 성도의 규모를 대략 100만 명으로 추정한다.[58] 그런데 최근 한국 교회 안에서는 가나안 성도를 전체 성도의 20% 선인 200만 명에 이른다고 추산한다.[59] 가나안 성도 현상은 우리가 원하든 원치 않든 이미 벌어지고 있는 사건이다. 이를 어떻게 바라보고 선용할 수 있는가를 되묻는 작업이 한국 개신교 전체의 갱신과 부흥을 위해 어느 때보다 중요한 시점이다.[60]

과거에는 '교회 밖에는 구원이 없다'는 명제가 오랫동안 교회론의 정석으로 수용되었다. 이 명제는 고대 기독교 교부이면서 순교자인 키프리아누스Cyprianus, 190?~258년의 선언이다.

그런데 1990년대 종교다원주의자들은 '교회 밖에도 구원이 있다'고 주장하기 시작했다. 최근에는 '교회 안에는 구원이 없다'는 주장도 종종 들린다. 교회는 '구원의 방주'는커녕 온갖 '스캔들의 온상'이 되어 버렸다는 것이다.[61] 오늘의 한국 교회는 변화되어야 한다. 갱신되어야 한다. 그래야 다시 부흥의 길로 들어설 수 있을 것이다.

따라서 현 교회의 제도에 저항하는 가나안 성도들을 섣불리 가르치려 하거나, 강제로 제도권으로 흡수하려 해서는 안 된다. 무엇보다도 먼저 그들의 영적인 욕구가 무엇인지를 파악하는 것이 우선이다. 그리고 이것을 기성 교회에서 수용함으로써 교회를 갱신하려는 노력이 요구된다.[62]

보통 기성 교회는 가나안 성도들을 '집 나간 탕자'나 '문제아'로 간주하면서 교회를 방해하는 철없는 사람쯤으로 여긴다. 그래서 가나안 성도를 품기보다는 믿음이 없는 사람으로 취급하거나 반항적이고 인내력이 없는 사람쯤으로 폄하하고 경계한다.[63] 그러나 이는 성숙한 자세가 아니다. 가나안 성도가 생기도록 한 원인 제공자는 우리가 다니는 교회다. 그들을 비난하기보다는 우리 교회가 먼저 반성하는 것이 문제 해결의 선결 조건이다.

미국의 기독교인들이 교회를 떠나는 과정과 이들이 교회 밖에서 신앙을 추구하는 것에 대해 연구한 앨런 제미슨Alan Jamieson의 조언에 주목할 필요가 있다. 그는 기존 교회가 교회를 떠난 사람들에게 도움을 줌으로써 그들이 '교회 없는 신앙'churchless faith을 유지할 수 있도록 도울 수 있다고 말한다일종의 부교회주의. 교회를 떠난 이들을 기성 교회로 오게 하기는 실제로 쉽지 않기 때문에 교회를 떠난 상태에서라도 신앙을 유지할 수 있도록 돕는 노력이 필요하다는 것이다.[64] 이들이 돌아가고 싶어 하는 교회를 찾기가 현실적으로 쉽지 않다면 기성 교회로 돌아가기를 강요하기보다 교회를 떠난 상태에서라도 신앙을 유지하도록 돕는 것이 차선책이 될 수도 있다.[65]

가나안 성도들에게,

여러분이 기존 교회를 떠났다고 해서 신앙 자체를 저버릴 이유는 되지 않는다. 당신들은 새로운 유형의 기독교 신앙을 찾아가는 외로운 개척자들이다. 그러니 절대 신앙을 포기하지 말라. 어떤 모양으로든 기독교 신앙에 머물며 끝까지 성도로 살아가기를 바란다. 그러나 당신들의 새로운 시도가 벽에 부딪치고 한계에 도달한다면, 언제든지 여러분의 신앙유형과 맞는 기존의 교회를 다시 한번 찾고 찾아서 돌아오기를 바란다. 이것도 하나의 대안은 될 수 있다. 당신들을 품어주고 이해하는 교회와 목회자를 만날 수도 있을 것이다. 꼭 있을 것이다. 아직 못 만난 것뿐이다.

기존 성도들에게,

가나안 성도들을 향한 온갖 불평과 비난을 거두라. 그들의 약점과 잘못을 찾으려고 하는 대신 우리가 먼저 반성해야 할 것을 찾고, 끊임없이 새로워지자. 교회의 변화 없이 가나안 성도의 귀환은 없다. 현재 우리의 선후배와 가족 중에 가나안 성도인 경우도 있고, 또한 가나안 성도가 될 가능성도 적지 않다. 특히 지금의 기존 교회 상황은 청장년 세대들이 잠정적인 가나안 성도가 될 확률이 낮지 않다. 이들은 영적으로 마음을 둘 곳이 없는 '심정적 가나안 성도들'이다. 때로는 목사이면서 신학자인 나도 기성 교회에 환멸을 느끼고 목사와 성도의 옷을 벗어 던지고 싶을 때도 있다. 제발 우리의 교회를 새롭게 하는 계기가 되기를 바란다.

다윗은 자신의 목숨을 노리는 사울의 칼날을 피해서 블레셋의 도시 가드와 베들레헴의 중간 지점에 있는 아둘람 근처의 굴에 은신한다.

> 그러므로 다윗이 그 곳을 떠나 아둘람 굴로 도망하매 그의 형제와 아버지의 온 집이 듣고 그리로 내려가서 그에게 이르렀고
>
> _사무엘상 22:1

아둘람은 다윗의 왕위 등극 과정 제2기를 시작하는 장소가 된다.[66] 다윗의 아둘람 굴은 다윗을 성숙시키는 훈련의 장소가 된 것으로 보인다. 다윗의 아둘람 굴에는 '환난 당한 모든 자', '빚진 모든 자', '마음이 원통한 자'가 모여들었다. 다윗은 아둘람 굴에서 400명 가량의 가난하고 소외된 자들과 함께한다.

> 환난 당한 모든 자와 빚진 모든 자와 마음이 원통한 자가 다 그에게로 모였고 그는 그들의 우두머리가 되었는데 그와 함께 한 자가 사백 명 가량이었더라 _사무엘상 22:2

사울로 인해 큰 상처받은 다윗은 마음에 상처를 안고 사는 자들과 함께 서로의 상처를 보듬어 안으며 진정한 지도자로 성장한다. 원통한 자들의 마음을 헤아리는 사람이 진정한 지도자다. 아둘람은 서로의 상처를 용납하고 위로하여, 치유하고 치유 받는 '라파 공동체'가 되었다. 기존의 교회가 라파 공동체인 아둘람 굴이 되기를 간절히 바란다.

가나안 성도가 되어 교회를 떠나는 것은 무조건 비난할 일도 아니다. 그렇다고 언제나 옹호되고 위로받을 일도 아니다. 기존의 교회를 떠나서 가나안 성도가 되는 일은 바람직한 현상은 결코 아니다. 기존 교회는 대부분 현재 60~70대가 주류를 이루고 있다. 그분들이 가나안 성도의 다수를 차지하는 20~30대의 목소리를 귀담아 들어야 한다. 교회의 어른들이 변하지 않으면 가나안 성도는 되돌아오지 않는다. 가나안 성도는 계속 증가할지 모른다. 우리의 변화 없이 가나안 성도의 귀환은 없을 것이다.

우리 모두의 하나님,
교회 안 성도나 교회 밖 성도나
모두 하나님의 백성임을 알게 하시고,
따로 또 같이 하나님 나라를 올바로 세워가게 하소서.

10

소아시아 일곱 교회를 향한 책망과 칭찬과 권면의 말씀은 오늘날 어떤 의미가 있을까요?

계시록의 일곱 교회: 귀 있는 자는 성령이 교회들에게 하시는 말씀을 들을지어다(계 2:7)

위로와 소망의 책인 요한계시록

성경의 마지막 책인 요한계시록은 시련을 겪는 그리스도인들을 위한 '위로의 책'이며 '소망의 책'이다. 이 책의 본래 목표는 고난과 박해로 곤경에 처해 있는 소아시아의 교회들에 '반드시 속히 일어날 일들'계 1:1을 알리는 것이다.

적그리스도와 휴거의 책?

흔히 요한계시록 하면 적그리스도와 휴거를 떠올린다. 그러나

요한계시록은 '적그리스도'가 아니라 '살아계신 그리스도'를 이야기한다. 이 책은 이 세상을 벗어나는 '휴거'가 아니라, 이 세상에서 신실한 제자로 살아가야 할 '제자도'를 이야기한다. 사실 '휴거'와 '적그리스도'는 요한계시록에 나오지도 않는다.[67] 적그리스도라는 단어는 요한1서와 요한2서에서만 다섯 번 언급된다.

> 아이들아 지금은 마지막 때라 **적그리스도**가 오리라는 말을 너희가 들은 것과 같이 지금도 많은 **적그리스도**가 일어났으니 그러므로 우리가 마지막 때인 줄 아노라 _요한1서 2:18

> 거짓말하는 자가 누구냐 예수께서 그리스도이심을 부인하는 자가 아니냐 아버지와 아들을 부인하는 그가 **적그리스도**니 _요한1서 2:22

> 예수를 시인하지 아니하는 영마다 하나님께 속한 것이 아니니 이것이 곧 **적그리스도**의 영이니라 오리라 한 말을 너희가 들었거니와 지금 벌써 세상에 있느니라 _요한1서 4:3

> 미혹하는 자가 세상에 많이 나왔나니 이는 예수 그리스도께서 육체로 오심을 부인하는 자라 이런 자가 미혹하는 자요 **적그리스도**니 _요한2서 1:7

그러나 '휴거'라는 단어는 구약과 신약성경 어디에도 없는 말이다.[68]

요한계시록의 예언은 이미 결정된 '미래'를 예견하는 것이 아니다. 이 세계가 '선과 악의 전투' 중에 있으며, 그리스도인들은 이 전투에 대비하기 위해 '어떤 영적인 무기들'과 '어떤 사고방식들'을 장착해야 한다는 것을 말하고 있다.[69] 이 예언은 오늘날에도 마찬가지로 적용된다.

밧모 섬에서 본 환상

요한계시록의 저자 요한은 예수를 증언했다는 죄목으로 밧모 섬에 유배되었다.

> 나 요한은 너희 형제요 예수의 환난과 나라와 참음에 동참하는 자라 하나님의 말씀과 예수를 증언하였음으로 말미암아 밧모라 하는 섬에 있었더니 _요한계시록 1:9

요한은 유배지 밧모 섬에서 성령에 감동되어 소아시아오늘의 터키에 있는 일곱 교회에 대한 음성을 듣는다.

> 10 주의 날에 내가 성령에 감동되어 내 뒤에서 나는 나팔 소리 같은 큰 음성을 들으니 11 이르되 네가 보는 것을 두루마리에 써서 **에베소, 서머나, 버가모, 두아디라, 사데, 빌라델비아, 라오디게아** 등 일곱 교회에 보내라 하시기로 _요한계시록 1:10~11

그 메시지가 요한계시록 2~3장에 기록되어 있다. 일곱 교회에 대한 메시지는 우리 자신이 사는 세기를 포함해 어느 세기에나 무작위로 일곱 교회를 골라도 요한계시록이 말하는 이 일곱 교회와 아주 비슷한 모습이 나타날 것이다.[70] 다시 말하면, 이 일곱 교회는 오늘날 우리 교회를 향해 주신 말씀이기도 하다.

일곱 교회의 당면한 위험과 이들에 대한 메시지

일곱 교회의 당면한 위험과 이들에 대한 예수 그리스도의 권면을 정리하면 다음과 같다.

첫째, 에베소교회는 처음 사랑을 잃었다계 2:4 → 처음 행위를 가지라계 2:5: "어디서 떨어졌는지를 생각하고 회개하여 처음 행위를 가지라"계 2:5.

둘째, 서머나교회는 장차 받을 고난을 두려워했다[책망 없음] 계 2:10 → 고난을 두려워하지 말라계 2:10: "네가 죽도록 충성하라 그리하면 내가 생명의 면류관을 네게 주리라"계 2:10.

셋째, 버가모교회는 이단에 신경을 쓰지 않고 잘못된 교리를 무분별하게 받아들였다계 2:14~15 → 회개하라계 2:16.

넷째, 두아디라교회는 부도덕한 삶을 지속했다계 2:21 → 회개하라계 2:22.

다섯째, 사데교회는 영혼이 죽어 있어서 냉담했다계 3:1 → 깨어나라계 3:2.

여섯째, 빌라델비아교회는 소수에 불과한데, 절대다수인 유대교 회당의 압박을 받았다[책망 없음] 계 3:9 → 네가 가진 것그리스도에 대한 믿음과 그의 말씀에 대한 순종[71]을 굳게 잡으라계 3:11.

일곱째, 라오디게아교회는 성령 안에서 사는 열정적인 삶 대신 미지근하며 물질의 풍요만을 추구했다계 3:17. → 열심을 내라 회개하라계 3:19: "볼지어다 내가 문밖에 서서 두드리노니 누구든지 내 음성을 듣고 문을 열면 내가 그에게로 들어가 그와 더불어 먹고 그는 나와 더불어 먹으리라"계 3:20.

일곱 교회의 세 가지 문제

일곱 교회는 세 가지 종류의 문제에 직면하고 있다. 첫째, 거짓 가르침과 거짓된 삶에베소, 버가모, 두아디라, 둘째, 박해서머나, 빌라델비아, 셋째, 냉담과 물질적 만족사데, 라오디게아이다.[72]

첫째, 거짓 가르침과 거짓된 삶의 문제다. 에베소교회는 '니골라 당'의 유혹이 있었다"오직 네게 이것이 있으니 네가 **니골라 당**의 행위를 미워하는도다 나도 이것을 미워하노라", 계 2:6. 버가모교회는 '발람의 교훈'과 '니골라 당'의 교훈에 넘어간 자들이 있었다"그러나 네게 두어 가지 책망할 것이 있나니 거기 네게 발람의 교훈을 지키는 자들이 있도다 발람이 발락을 가르쳐 이스라엘 자손 앞에 걸림돌을 놓아 우상의 제물을 먹게 하였고 또 행음하게 하였느니라 이와 같이 네게도 **니골라 당**의 교훈을 지키는 자들이 있도다", 계 2:14~15. 두아디라교회는 자칭 선지자라 하는 '이세벨'을 분별없이 받아들였다"그러나 네게 책망할 일이 있노라 자칭 선지자라 하는 여자 **이세벨**을 네가 용납함이니 그가 내 종들을 가르쳐 꾀어 행음하게 하고 우상의 제물을 먹게 하는도다", 계 2:20. '니골라 당', '발람', '이세벨'은 당대의 거짓 가르침의 대명사들이다. 당시 교회 안에서 옳고 그름을 분별하지 못하고, 거짓 가르침을 수용하는 일이 적지 않았다. 이들은 음행하기도 한다. 거짓 선지자들의 가르침을 분별하지 못하고 걸러내지 못하면 거짓 선지자가 받는 벌을 똑같이 받는다.

[14] 여호와께서 내게 이르시되 **선지자들이 내 이름으로 거짓 예언을 하도다** 나는 그들을 보내지 아니하였고 그들에게 명령하거나 이르지 아니하였거늘 그들이 거짓 계시와 점술과 헛된 것과 자기 마음의 거짓으로 너희에게 예언하는도다 [15] 그러므로 내가 보내지 아니하였어도 내 이름으로 예언하여 이르기를 칼과 기근이 이 땅에 이르지 아니하리라 하는 선지자들에 대하여 여호와께서 이와 같이 말씀하셨노라 **그 선지자들은 칼과 기근에 멸망할 것이요** [16] **그들의 예언을 받은 백성은 기근과 칼로 말미암아 예루살렘 거리에 던짐을 당할 것인즉** 그들을 장사할 자가 없을 것이요 그들의 아내와 아들과 딸이 그렇게 되리니 이는 내가 그들의 악을 그 위에 부음이니라 _예레미야 14:14~16

선지자의 죄악과 그에게 묻는 자의 죄악이 같은즉 각각 자기의 죄악을 담당하리니 _에스겔 14:10

오늘날에도 마찬가지다. 모든 신자는 깨어 있어야 한다. 여러분들에게 주어지는 교회에서의 메시지도 때로는 잘못된 메시지일 수 있다. 정신 바짝 차리고 깨어서 분별해야 한다. 또한 삶을 바르게 해야 한다.

둘째, 박해의 문제다. 서머나교회는 '**자칭 유대인**'이라 하는 자들의 비방을 들었다"내가 네 환난과 궁핍을 알거니와 실상은 네가 부요한 자니라 자칭 유대인이라 하는 자들의 비방도 알거니와 실상은 유대인이 아니요 사탄의 회당이라", 계 2:9. 빌라델비아교회도 '자칭 유대인'이라 하는 자들의 무시와 억압을 받았던 것으로 보인다"보라 사탄의 회당 곧 **자칭 유대인**이라 하나 그렇지 아니하고 거짓말 하는 자들 중에서 몇을 네게 주어 그들로 와서 네 발 앞에 절하게 하고 내가 너를 사랑하는 줄을 알게 하리라", 계 3:9. 그래서 서머나교회와 빌라델비아교회의 대적자로 '사탄의 회당'이 지목된다"내가 네 환난과 궁핍을 알거니와 실상은 네가 부요한 자니라 자칭 유대인이라 하는 자들의 비방도 알거니와 실상은 유대인이 아니요 **사탄의 회당**이라", 계 2:9; 참조. 계 3:9.

당시에는 자체 건물과 공동체 생활을 갖춘 수천 명의 '유대인 회당들'이 즐비했다. 반면에 아마 기껏해야 20~30명 남짓한 사람들이, 이스라엘의 하나님이 예수님을 죽은 자들로부터 일으키셨다고 하는 믿기 어렵고, 당시로서는 극도로 위험한 주장을 고수하는 '교회'가 있었다.[73]

대다수의 유대인은 회당을 중심으로 유대교를 믿고 있었다. 소수의 유대인 가운데 예수를 믿는 사람들은 가정 교회를 이루고 있었다. 이러한 불균형 속에서 유대 회당들이 서머나교회와 빌라델비아교회를 무시하고 억압하고 박해했다. 그래서 오늘 본문은 당시의 유대교의 회당을 '사탄의 회당'이라고 말하고 있다.

셋째, 냉담과 물질적 만족의 문제다. 사데교회는 살았다 하는 이름을 가졌지만 죽은 자와 매한가지였다. 그들의 행위가 하나님이 보시기에 온전하지 못했다"너는 일깨어 그 남은 바 죽게 된 것을 굳건하게 하라 **내 하나님 앞에 네 행위의 온전한 것을 찾지 못하였노니"**, 계 3:2. 겉은 살아 움직이지만, 혼과 영이 살아 있지 않다. 꿈도 열정도 사라진 냉담한 삶이 이어지고 있다. 라오디게아교회는 차지도 않고, 뜨겁지도 않다. 한마디로 미지근하다. 그들은 물질적인 풍요로움 속에서 어느덧 물질이 주는 편리함에 젖어 들었고, 물질적 만족에 안주하게 되었다. 성령 안에서 주어지는 열정을 상실하고, 하나님 나라에 대한 무관심 속에서 살아간 것이다.

삶과 하나님 나라에 대한 열정이 사라진다면 무슨 의미가 있을까? 그저 하루하루 먹고살고, 물질만 바라보고 사는 삶이 과연 하나님이 원하시는 삶일까? 무엇인가 의미 있는 일에 온 마음을 다하는 삶이 진정한 삶이 아닐까?

예수 그리스도가 원하는 교회와 삶

예수 그리스도는 바른 가르침과 바른 삶이 충만한 교회에베소, 버가모, 두아디라, 고난 속에서도 두려워하지 않고 신실함을 잃지 않는 교회서머나, 빌라델비아, 물질에 매이지 않고 하나님 나라에 붙들린 열정적인 교회사데, 라오디게아를 원하신다.

우리가 깨어 있기를 원하시는 하나님,
바른 가르침과 바른 삶이 충만하고,
고난 속에도 두려워하지 않고 신실함을 잃지 않고,
물질에 메이지 않고, 하나님 나라에 붙들려 열정을 불태우는
성도와 교회가 되게 하소서.

11

가족의 의미가 달라지고 있는데, 하나님이 원하셨던 가족은 어떤 모습이었을까요?

가족: 서로 돌보는 변호인(창 2:24~25, 9:20~29)

부부관계: 한 몸이며 사랑과 신뢰의 관계

하나님이 원하시는 부부관계는 하나님의 주례사에서 잘 나타난다.

> 24 이러므로 남자가 부모를 떠나 그의 아내와 합하여 둘이 한 몸을
> 이룰지로다 25 아담과 그의 아내 두 사람이 벌거벗었으나 부끄러워
> 하지 아니하니라 _창세기 2:24~25

하나님은 부부관계의 출발을 남자가 부모를 떠남에서 시작된다고 하신다. 고대 사회는 가부장적 사회였기에, 결혼은 실제 신

부가 부모의 집을 떠나 신랑의 집으로 들어가는 것이다. 그런데 하나님은 남자가 부모를 떠나라고 하신다. 아내는 친정으로부터 물리적공간적으로 떠나고, 신랑은 자신의 부모로부터 정신적정서적으로 떠나라는 것이다. 그리고 "아내와 합하여 한 몸을 이루라" 라고 하신다. 여기서 '합하다'는 히브리어로 '다박'cling to이다. 이 단어는 '껌딱지처럼 달라붙다'라는 뜻이다. 부부는 결혼과 동시에 서로 뗄 수 없는 존재다. 서로 떨어지면 이전의 온전한 상태로 돌아갈 수 없는 큰 상처가 남는다.

또한 '그의 아내와'는 히브리어로 '그의 아내 안에서'이다. 이는 부부간의 한 몸은 남편 중심이 아니라, 아내 중심으로 하나가 되라는 것이다. 부부는 무촌지간이고, 부모와 자식은 일촌지간이고, 형제는 이촌지간이다. 부부는 0순위, 부모는 1순위, 형제는 2순위다. 가족 내에 의견충돌이 생기면, 무촌지간인 영순위의 말을 들어야 한다. 그래야 부부관계가 유지되고 보존된다. 피는 물보다 진하다고 한다. 그런데 피보다 진한 것이 부부간의 사랑이다. 부부간의 사랑은 자기 몸 사랑이기 때문에, 부부 사랑은 알고 보면 자기사랑이다.

> 이와 같이 남편들도 자기 아내 사랑하기를 자기 자신과 같이 할지니 자기 아내를 사랑하는 **자는 자기를 사랑하는 것**이라 _에베소서 5:28

부부 사이는 벌거벗고도 부끄러워하지 않는 관계다. 이는 무제한적 상호신뢰를 말한다.

부모 자식 관계: 상호 돌보는 변호인

부모와 자식의 관계에 관해서는 창세기 9장 18~29절의 노아 음주 추태 사건에서 발견된다. 이 본문은 노아가 방주에서 나온 이후 술에 취한 사건을 다루고 있다. 노아는 의인이요 당세에 완전한 자였다[창 6:9; 7:1]. 그의 의로움이란 전 지구적인 대홍수 심판에서도 그의 가족만큼은 살아남게 하는 대단한 것이었다. 그러나 노아는 농업을 시작해 포도나무를 심었고 그 열매로 만든 포도주를 마시고 취한 적이 있었다[21절]. 노아는 급기야 벌거벗은 채로 술에 만취되어 누워 있었다. 이때 두 번째 아들인 함은 아버지의 수치[성기]를 보고 형제들에게 알린다[22절]. 그러나 맏형인 셈과 동생인 야벳은 아버지의 수치를 보지 않으려고 뒷걸음질해 들어가 옷으로 그 하체를 덮었다[23절]. 노아의 실수는 아버지에 대한 자식들의 서로 다른 태도를 드러내는 역할을 한다.

노아는 술이 깨어 그 둘째 아들이 자신에게 행한 일을 알고, 함의 아들인 가나안을 저주한다[25절]. 이에 반해 셈과 야벳에게는 자손이 창대하게 되리라는 복을 빌어준다[26~27절]. 이 이야기의 초점은 노아의 실수에 있는 것이 아니다. 그 초점은 자식의 태도에 있다. 부모가 실수로 인해 자신의 인간적이고 사회적 위엄을 상실했을 때, 자식이 어떤 태도를 취하는 것이 옳은가 하는 것이 본문의 초점이다.

고대근동의 우가릿 지역에서 나온 아캇 서사시The Epic of Aqhat에도 이와 유사한 사건이 기록되어 있다. 이에 따르면 술에 취한 채로 잔치에서 돌아오는 아버지를 돕고, 술을 마셨을 때 그를 보호하는 것은 아들의 의무사항이었다. 부모에 대한 자식의 책임 포기는 사회적 아노미 현상의 근원에 해당하는 중죄로 간주했다.

자식이 그 부모의 실추된 위엄을 변호하고 방어하며 새롭게 재건하는 일변호사의 일을 하지 않고, 오히려 그것을 확인하려 하고 드러내는 일검사의 일은 잘못된 것이다. 이것은 부모에 대한 자식의 도리가 아니다. 부모에 대한 자식의 책임을 포기하는 것이다. 함은 그 책임을 포기했고, 셈과 야벳은 아버지의 명예와 권위가 손상된 것을 회복하려고 노력했다. 성령은 부모에 대한 자식의 책임이 그에 미치지 못할 때 단호하고 엄하게 다룬다.

> 자기 아버지나 어머니를 저주하는 자는 반드시 죽일지니라
> _출애굽기 21:17

> 자기 아버지나 어머니를 치는 자는 반드시 죽일지니라 _출애굽기 21:15

어찌 되었든 노아의 실수가 자녀들에게 위기를 안겨준 것만큼은 부인할 수 없다. 부모가 실수하면 자식들에게 큰 짐을 지우는 일이 된다. 따라서 부모는 적어도 자녀들 앞에서만큼은 자신의 수치가 드러나지 않도록 노력해야 한다.

또한, 가정은 남의 허물을 들추는 곳이 아님을 유념해야 한다. 가정은 모든 허물을 덮어주는 곳이다. 따라서 가정에는 검사가 필요 없다. 가정은 오직 변호사만이 있는 곳이다. 사람은 자신의

허물이 냉정하게 지적될 때보다 그 허물이 사랑으로 덮어질 때 더 변화된다. 세상이 모두 손가락질하는 사람이라 할지라도 가정만큼은 덮어주고 끝까지 품어주어야 한다. 그래서 가정이 천국이라고 하는지도 모르겠다.

세상 모두가 나를 생산성의 기준으로 평가하고, 효율성의 잣대로 멸시해도, 나를 있는 그대로 받아 줄 곳이 이 세상 한 곳이라도 있어야 하지 않을까? 그곳이 바로 가정이고 가족이다. 이것이 우리가 흔히 말하는 "그래도 제집에서는 귀한 자식이다!"라는 말이 담고 있는 의미다. 취직을 못 해도, 돈을 제대로 못 벌어도, 승진에서 연속 탈락해도, 온종일 하는 일이라고는 이력서 쓰는 것뿐이라 하더라도, 내가 천하보다 귀한 생명임을 깨우쳐 주는 공동체가 한 군데는 있어야 한다. 그래야 살 수 있다. 이것이 가족, 가정에 대한 사람들의 기대다.[74]

가족은 영원한 내 편이다. 가족은 부족한 나를 있는 그대로 인정하고 받아준다. 그래서 가정에는 검사가 없고, 서로 돕고 돌보는 변호사만 있는 곳이다. 하나님은 가족을 통해 우리를 영원토록 변호하신다.

우리에게 가족과 가정을 주신 하나님,
우리가 속한 가족 공동체가 작은 천국이 되게 하시고,
교회 공동체가 가족이 없는 사람들에게 참 가족이
되어줄 수 있도록 함께 하소서.

12

원수는 안 보고 살면 되지만, '웬수'는 도처에 있는데, 어떻게 해야 할까요?

웬수: 자기보다 남을 낫게 여겨라(빌 2:3~4)

변하지 않는 정체성

사람은 잘 바뀌지 않는 것처럼 보인다. 물론 극적으로 바뀌는 예도 있다. 기독교 '박해자 사울'이 기독교 '선교사 바울'로 바뀌는 예가 그러하다. 그러나 이는 일상적 현상이 아니라 예외적 현상이다. 대부분은 천천히, 보이지 않게 바뀌기에 쉽게 바뀌지 않는 것처럼 보이는 것은 아닐까? 누구나 서서히 바뀌고 있다. 물론그 사람의 타고난 천성이고 본성이요 기질은 평생 바뀌지 않는 경우도 있다. 이 부분은 바꾸려고 하기보다는 이해하고 품고 가야 하는 부분이다. 그 사람의 정체성이기 때문이다.

정신분석 전문의 김혜남 교수는 다음과 같이 말한다.

사람들은 모두 제각각 독특한 영혼을 가진 존재다. 그래서 각자의 얼굴에는 자신만의 사연과 역사가 쓰여 있다. 이처럼 각기 다른 영혼이 만나 서로의 얼굴을 마주하고, 서로의 얼굴 속에 담겨 있는 사연들을 발견해 가면서 우리는 함께 역사를 써 내려간다. 그리고 그 과정에서 사랑과 미움이, 기쁨과 슬픔이, 행복과 불행이 물감처럼 풀어지며 우리의 삶을 채색하여 한 폭의 풍경화를 그려낸다.[75]

나 먼저 바뀌어야 한다

상대는 변한다 해도 내 맘같이 변하지는 않는다. 각자의 고유한 방식대로 서서히 변하고 있을 뿐이다. 그렇다면 정작 먼저 바뀌어야 할 대상은 남이 아니고 내가 아닐까? 과거에 MBC 앵커였던 조정민 목사님의 트위터에서 본 글이다.

내가 20대일 때, 나는 세상을 바꾸겠다고 손에 돌을 들었다.
내가 30대일 때, 나는 아내를 바꾸어 놓겠다며 눈꼬리를 치들었다.
내가 40대일 때, 나는 아이들을 바꾸고 말겠다며 손에 매를 들었다.
내가 50대가 되고서, 바꿔야 할 사람이 바로 나임을 깨닫고 그동안 들었던 것 다 내려놓았다. 아직도 뭘 들고 계세요?[76]

우리는 원만한 인간관계를 위해서 어떤 자세를 가져야 하는가? 빌립보서의 한 구절에서 그 해답을 찾아본다.

빌립보 교인들의 부족함

지금까지 빌립보서 연구는 바울에게 보내준 헌금에 대한 감사, 그리고 기쁨이라는 주제의 강조 등 빌립보 교인의 긍정적인 면에만 초점을 맞추는 경향이 강했다.[77] 그러나 빌립보 교인들에게도 부족함이 있었다. 그들의 헌신은 칭찬받을 만한 것이지만, 부족함이 없지는 않았다.

그가 그리스도의 일을 위하여 죽기에 이르러도 자기 목숨을 돌보지 아니한 것은 나를 섬기는 너희의 일에 부족함을 채우려 함이니라

_빌립보서 2:30

사실 그 누구도 완벽한 사람은 없고, 완벽한 가정도 없고, 완벽한 교회도 없다. 바울은 빌립보서 2장 3~4절에서 빌립보 교인들에게 인간관계 속에서 발생하는 부족함을 채우는 새로운 가르침을 주고 있다. 이 가르침은 오늘도 웬수들과 함께 살아가는 우리에게도 유효하다.

3 아무 일에든지 다툼이나 허영으로 하지 말고 오직 겸손한 마음으로 각각 자기보다 남을 낫게 여기고 4 각각 자기 일을 돌볼뿐더러 또한 각각 다른 사람들의 일을 돌보아 나의 기쁨을 충만하게 하라

_빌립보서 2:3~4

다툼과 허영은 헛되다

바울은 "아무 일에든지 다툼이나 허영으로 하지 말라"라고 권면한다. 특히 신앙인들의 '다툼' 에리쎄이아은 중죄로 간주했다.

> 오직 **당을 지어**에리쎄이아 진리를 따르지 아니하고 불의를 따르는 자에게는 진노와 분노로 하시리라 _로마서 2:8

'허영'케노독시아은 '텅 빈 영광', '헛된 영광'을 말한다.

> **헛된 영광**케노독시아을 구하여 서로 노엽게 하거나 서로 투기하지 말지니라 _갈라디아서 5:26

같은 신앙인들끼리, 가족끼리 서로에게 상처를 줘가면서 경쟁하며 다투어서 이긴다고 한들, 그 결과를 막상 손에 쥐어 보면 아무것도 없는 텅 빈 껍데기일 뿐이라는 말이다.[78] 웬수와의 싸움은 이긴들 허망하다는 것이다.

타페이노스: 수치에서 겸손으로

'겸손한 마음'의 '겸손'타페이노스은 정확히 번역하면, '겸손'보다는 '수치', '굴욕'이다. 바울 당시의 그레코-로만시대에서 '타페이노스'는 극복되어야 할 수치의 상태였다. 이 '타페이노스'가 본받을 미덕이며 겸손으로 제시된 것은 그리스도교 이전의 그리스나 로마 문헌 어디를 뒤져 봐도 없다. 서양의 정신사에서 겸손이 미덕의 하나로 등장하게 된 것은 전적으로 그리스도교의 공헌이다.[79]

그리스도로 인하여 남을 밟고 위에 서려 하던 역사 속에서, 오히려 아래로 내려가며 자신을 낮추려 하는 겸손의 역사가 시작되었다. 겸손을 수치에서 끌어내어 중요한 미덕으로 승격시킨 것은 기독교의 혁명적 공헌이다. 그리스도 사건은 가치가 전복되는 사건이다. 웬수 앞에서 겸손의 미덕을 잊지 말자.

남을 나보다 낫게 여기고

이어서 "각각 자기보다 남을 낫게 여기고"는 이해하기 쉽지 않다. 아무리 보아도 존중할 구석이라고는 한 군데도 안 보이는 사람도 나보다 낫게 여길 수 있을까? 사람들은 남을 평가하고 판단하는 습성이 있다. 성경은 사람들에 대한 판단을 주님의 오실 때까지 유보하라고 가르친다. 유한한 사람은 또 다른 사람을 정확하게 판단할 수 없다. 이것은 오직 하나님만이 하실 수 있는 일이다.

> 그러므로 때가 이르기 전 곧 주께서 오시기까지 아무 것도 판단하지 말라 그가 어둠에 감추인 것들을 드러내고 마음의 뜻을 나타내시리니 그 때에 각 사람에게 하나님으로부터 칭찬이 있으리라 _고린도전서 4:5

따라서 사람에 대한 최종적인 판단은 유보하고, 일상생활에서 어떤 사람이든지 자신보다 더 나은 대우를 받아야 할 사람으로 여기라는 것이다.[80] 상대에게서 내게는 없는 장점을 발견하고 그것을 높이 평가하고, 높여주라는 것이다.

모든 사람은 장점과 단점을 동시에 가지고 있다. 상대에게서 단점만 보는 사람은 예수의 마음이 부족한 사람이다. 그러나 상대에게서 장점을 보는 사람은 예수의 마음이 충만한 사람이다. 웬수의 장점이 보이는 것은 그때 예수가 내 안에서 움직이고 계시기 때문이다.

상대의 장점을 크게 보기

4절은 "자기 일을 돌볼뿐더러 또한 다른 사람들의 일을 돌보라"고 한다. 여기서 '돌보다'는 헬라어로 '스코페오'이다. 이 단어의 뜻은 '보다' look at, scope다. 시야에 자신만이 보이는 사람이 아니라, 다른 사람의 일도 볼 줄 아는 사람이 되라는 말이다.

"우리가 주목하는스코페오 것은 보이는 것이 아니요 보이지 않는 것이니 보이는 것은 잠깐이요 보이지 않는 것은 영원함이라"고후 4:18에서 보듯이, 단순히 눈에 보이는 것, 경험적으로 확인 가능한 것만이 아닌 그 이상의 것을 보는 것이 신앙이다. 이 구절은 "자기 자신의 이익만 관심 갖지 말고, 다른 사람들의 이익에도 관심을 가지라"라는 말이다.[81] 이러한 삶이 사도 바울이 말하는 모든 사람들에게 기쁨을 충만하게 해주는 삶이다.

원수는 안 보고 살 수 있다. 그러나 웬수는 안 보고 살 수 없는 대상들이다. 가장 가까운 사람이 웬수배우자, 자녀, 부모 등다. 나보다 웬수의 처지를, 웬수의 내면을, 웬수의 영혼을 들여다볼 수 있어야, 웬수가 '제거의 대상'이 아니라 '포용과 사랑'의 대상임을 깨닫게 될 것이다. 원수도 사랑해야 할 판에"나는 너희에게 이르노니 너희 원수를 사랑하며 너희를 박해하는 자를 위하여 기도하라", 마 5:44, 웬수를 사랑 못해서야 되겠는가.

"웬수 여러분 사랑합니다." ^^
사실 나만 정상이면, "대부분의 사람은 다 멋지다."[82]
하물며 웬수는 나보다 훨씬 더 귀한 존재이다.

사랑의 하나님,
겸손의 미덕을 본으로 보이신 예수님의 마음을 주셔서
웬수가 나보다 귀하고 멋진 존재임을 깨닫게 하소서.

Part 3

구약 성경 인물 다시 보기

13

왕자에서 살인자, 도망자에서 구원자로 살았던 인물, 모세는 어떤 인생을 살았나요?

모세의 하나님: '하나님의 종'이 아니라 '종의 하나님'을 주목하라(신 34:10)

모세의 인생은 일반적으로 세 가지로 구분된다. 처음 40년은 당시 대제국 이집트의 왕자인 '중요한 인물' somebody로 살았다. 그 다음 40년은 이집트인 감독관을 쳐서 죽이고 도피하여 미디안 광야에서 무명의 목동으로 '아무것도 아닌 존재' nobody로 살았다. 마지막 40년은 출애굽의 해방과 광야의 인도를 이끈 민족의 지도자로 '전천후신앙인' everybody의 파란만장한 삶을 살았다[행 7:20~36]. 모세는 '이집트의 왕자'에서 '살인자'로, 살인 후 '도피자'에서 결국 '민족의 해방자'로 살아간 구약 인물 가운데 대표적인 영웅이다. 그러한 모세에게 나타나신 하나님은 어떤 분이신가?

백성의 탄식을 기도로 들으시는 하나님

이스라엘 자손이 고된 노동으로 탄식하며 부르짖는 소리가 하나님께 상달되었다.

> 여러 해 후에 애굽 왕은 죽었고 이스라엘 자손은 고된 노동으로 말미암아 탄식하며 부르짖으니 그 고된 노동으로 말미암아 부르짖는 소리가 하나님께 상달된지라 _출애굽기 2:23

하나님은 이들의 고통 소리를 들으시고 아브라함과 이삭과 야곱에게 세운 언약을 기억하셨다.

> 하나님이 그들의 고통 소리를 들으시고 하나님이 아브라함과 이삭과 야곱에게 세운 그의 언약을 기억하사 _출애굽기 2:24

이스라엘 백성은 기도한 것이 아니라, 너무 고통스러워서 탄식만 했을 뿐이다. 그러나 우리 하나님은 땅에 들려오는 고난받는 이들의 신음을 기도로 들으시는 분이시다.

모세에게 당신의 이름을 처음으로 알려준 야웨 하나님

이때 하나님은 이집트의 종살이에서 이스라엘 민족을 해방하려고, 80세나 된 도피자 목동인 모세를 부르셨다.

그들이 바로에게 말할 때에 모세는 팔십 세였고 아론은 팔십삼 세였더라 _출애굽기 7:7

그동안 침묵하시고 숨어 계신 하나님이 역사의 현장에 등장하신다. 하나님의 역사 개입은 늘 사람을 통하여 이루어진다.

하나님과 모세는 이집트 해방사건의 지도자로서 임무를 맡기는 일로 서로 밀고 당기는 밀당을 6번이나 계속한다. 두 번째 밀당에서 모세는 하나님의 정체를 물었다출 3:13~22. 이때 하나님이 어쩔 수 없이 자신의 정체를 드러낸 본문이 출애굽기 3장 14절이다.

에흐예 아쉐르 에흐예 I am who I am, 히브리어

나는 스스로 있는 자이니라 _개역개정

나는 곧 나다 _새번역

이 본문은 하나님의 성함을 최초로 알려준 본문이다. "나는 곧 나다"라는 표현에는 하나님의 이름 '야웨'YHWH와 그 본질이 담겨 있다. 우리 성경의 '여호와'라는 발음은 사실 정확한 발음은 아니다. '야웨'나 '야훼'가 정확한 발음이다. 야웨라는 신명神名은 이스라엘 백성이 이집트에서 억압을 받을 때 처음으로 계시되었다. 이후 성경에서 "나는 여호와이다"라는 진술은 모든 억압에서 해방해주시는 하나님이라는 의미를 담고 있다.

우리는 야웨 하나님이라고 말할 때마다 영적 억압, 정신적 억압, 육체적 억압, 물질적 억압, 관계적 억압 등 모든 억압으로부터

해방해주시는 하나님을 만난다. 야웨 하나님은 당신의 성함을 모세에게 처음으로 알려주셨다.

모세를 가나안 땅 진입 직전까지만 사용하신 하나님

출애굽 때 20세 이상 된 사람을 출애굽 1세대민수기 1장라 한다. 그 이하의 연령대와 광야에서 출생한 사람들을 출애굽 2세대민수기 26장라 한다. 출애굽 1세대 가운데 가나안 땅에 입성한 사람은 여호수아와 갈렙뿐이다. 가장 의외의 충격적인 내용은 출애굽의 영웅 모세가 가나안 땅 입성에 실패한 사실이다.

모세는 왜 가나안 땅에 들어가지 못했는가? 민수기 20장에 따르면, 모세가 가나안 입성에 실패한 것은 '모세의 잘못'으로 인한 결과다.

> 여호와께서 모세와 아론에게 이르시되 너희가 **나를 믿지 아니하고** 이스라엘 자손의 목전에서 **내 거룩함을 나타내지 아니한 고로** 너희는 이 회중을 내가 그들에게 준 땅으로 인도하여 들이지 못하리라 하시니라 _민수기 20:12

그런데 신명기 1장에 의하면, 모세가 가나안 땅 입성에 실패한 것은 백성의 죄로 인한 '지도자의 공동책임' 때문이다.

> 여호와께서 **너희 때문에** 내게도 진노하사 이르시되 너도 그리로 들

어가지 못하리라 _신명기 1:37; 참조. 3:26; 4:21

이와 더불어 우리가 많이 놓치는 부분이 있다. 하나님이 모세를 불러서 사명을 맡길 때 모세에게 주신 사명에 가나안 땅 진입은 말한 적이 없고, 이집트로부터의 해방사건만 언급하고 있다는 사실이다.

[8] 내가 내려가서 그들을 애굽인의 손에서 건져내고 그들을 그 땅에
서 인도하여 아름답고 광대한 땅, 젖과 꿀이 흐르는 땅 곧 가나안 족
속, 헷 족속, 아모리 족속, 브리스 족속, 히위 족속, 여부스 족속의
지방에 데려가려 하노라 [9] 이제 가라 이스라엘 자손의 부르짖음이
내게 달하고 애굽 사람이 그들을 괴롭히는 학대도 내가 보았으니
[10] 이제 내가 **너를 바로에게 보내어 너에게 내 백성 이스라엘 자손
을 애굽에서 인도하여 내게 하리라** _출애굽기 3:8~10

하나님이 처음부터 모세에게 맡기신 사명은 이집트에서 백성을 구원하고, 그 백성을 광야에서 인도하는 일이었다. 모세의 사명은 가나안 땅 진입 직전까지다. 모세가 가나안 땅에 들어가지 못하는 것은 '하나님의 본래적 섭리'였다. 하나님이 주신 모세의 사명은 이집트로부터의 해방과 광야에서의 인도다. '해방'과 '인도' 이 두 가지가 모세의 사명이다. 약속의 땅 진입과 땅 분배는 또 다른 사람, 즉 여호수아에게 맡기신다. 하나님은 한 사람이 제아무리 뛰어나다 할지라도 그 한 사람에게 모든 일을 맡기지는 않으

신다.[83] 따라서 자신의 사명의 한계를 미리 깨닫고, 욕심부리지 않고, '여기까지'라는 자신의 한계 안에 머무는 것도 은혜이다.

철인삼종경기 완주자 모세의 코치로서의 하나님

모세는 홍해 '바다'를 건너고, 시내 '산'에 오르고, 수르 광야, 신Sin 광야, 바란 광야, 찐Zin 광야라는 시내 광야의 4대 '광야'를 모두 횡단한 철인삼종경기 완주자였다. 출애굽기 19장 이후 하나님은 모세를 여덟 번 이상 시내 산2,285m으로 불러올리셨다. 모세는 일종의 '산악 등정인'Freedmann이었다. 모세는 '영력'과 '지력'과 '체력'이라는 삼종 세트로 무장한 사람이었다.[84]

모세의 하나님은 모세라는 철인삼종경기 완주자의 코치였다. 그래서 모세는 마지막 숨을 거두는 120세가 되어서도 눈이 흐리지 아니하였고, 기력이 쇠하지 아니하였다.

> 모세가 죽을 때 나이 백이십 세였으나 그의 눈이 흐리지 아니하였고 기력이 쇠하지 아니하였더라 _신명기 34:7

하나님은 우리의 체력 단련에도 신경을 쓰고 계신다.

모세의 수명을 사명에 맞추신 하나님

모세의 죽음은 미스터리로 남는다. 모세의 죽음의 원인도 그

무덤도 알려지지 않았다. 모세는 질병이나 노환으로 죽은 것도 아니고, 사고로 죽은 것도 아니다. 죽기 직전인 120세에도 눈이 흐리지 않았고, 기력이 쇠하지도 아니하였다. 그러면 누군가에 의해서 타살을 당한 것일까? 모세의 죽음에 대한 기록은 다음이 유일하다.

> 5 이에 여호와의 종 모세가 여호와의 말씀대로 모압 땅에서 죽어
> 6 벳브올 맞은편 모압 땅에 있는 골짜기에 장사되었고 오늘까지 그
> 의 묻힌 곳을 아는 자가 없느니라 _신명기 34:6

6절을 원문에 충실하게 번역하면, "그[하나님]가 …그를 묻었다"이다. 하나님이 모세를 묻으셨다는 것이다. 하나님이 산채로 모세를 묻은 것은 아닐 것이다. 아마도 모세는 아무도 없는 곳에서 갑자기 심장마비로 죽었을 것이다. 그래서 하나님이 친히 모세의 장례식을 수행해주신 것이다. 이는 역사상 타의 추종을 불허하는 하나님과의 친밀성을 보여준다. 역사상 누가 하나님이 친히 묻어주는 장례를 경험했겠는가? 모세는 사명이 끝나자 수명을 다한다. 수명과 사명이 하나인 인생은 정말 멋진 인생이지 않을까? 사명을 다하고 할 일 없이 죽음만 기다리는 인생은 행복할 것 같지 않다. 사명을 다하는 순간에 하나님께 부름을 받는 것, 멋진 은혜다.

모세의 '몸'은 붙잡고 모세의 '말씀'만 건너가게 하신 하나님

한 사람의 평가는 관에 못이 박히고 난 이후에야 비로소 진정으로 이루어진다. 모세의 죽음 이후 그에게 주어진 역사적 평가가 한 마디로 남아 있다.

> 그 후에는 이스라엘에 모세와 같은 선지자가 일어나지 못하였나니 모세는 여호와께서 대면하여 아시던 자요 _신명기 34:10

가시적인 무덤은 물론이고 비문조차 없는 모세에게 하나님이 친히 남기신 비문이 있다. "모세와 같은 선지자가 일어나지 못하였나니." 모세는 사람 가운데서는 비교 불가능한 최고의 인물이라는 것이다. 모세는 예언의 최고봉이다. 사실 이 말씀은 모세에 대한 최고의 찬사다. 동시에 모세를 통해 준 하나님의 말씀에 최고의 권위를 부여하는 말이기도 하다.

이제 모세라는 인물은 역사에서 사라진다. 하지만 모세를 통한 말씀은 남는다. 그 말씀만 약속의 땅으로 들어간다. 백성들은 모세가 아니라, 모세가 가르쳐준 하나님의 말씀만을 가지고 약속의 땅으로 들어간다. 이제 그들에게 필요한 것은 '인간 모세'사람의 가르침가 아니다. '모세를 통해 주신 말씀'하나님의 가르침이다. 이어지는 여호수아 1장부터 율법시대, 즉 말씀의 시대가 시작된다. 그래서 하나님은 '영웅 모세'를 붙잡고 '모세를 통한 말씀'만 가나안 땅으로 건너가게 하신 것이다. 성경은 '하나님의 종'이 아니라 '종

의 하나님'을 주목하도록 한다.[85]

사람을 통하여 역사를 이끄시는 하나님,
우리의 시선이 하나님께서 쓰시는 '하나님의 종'이 아니라,
그 종을 사용하시는 '종의 하나님'을 향하게 하소서.

14

모세의 후계자였지만 모세와는 결이 다른 여호수아는 어떤 인물일까요?

여호수아의 하나님: '사람의 종'에서 '여호와의 종'이 되다(수 24:29)

무명의 장수에서 모세의 후임자로: 장수 → 비서실장 → 정탐꾼 → 후계자 → 지도자

여호수아는 출애굽 이후 신 광야의 르비딤에서 벌어진 아말렉과의 전투에서 처음 등장한다.

> 모세가 여호수아에게 이르되 우리를 위하여 사람들을 택하여 나가서 아말렉과 싸우라 내일 내가 하나님의 지팡이를 손에 잡고 산 꼭대기에 서리라 _출애굽기 17:9

이때 여호수아는 최전선에서 전쟁을 이끄는 무명의 '장수'였다. 이후 여호수아는 모세의 '경호실장' 겸 '비서실장'수종자이 되어 모세와 단 둘이서 시내 산에 40일을 머물기도 하였다.

모세가 그의 부하 여호수아와 함께 일어나 모세가 하나님의 산으로 올라가며 _출애굽기 24:13

사람이 자기의 친구와 이야기함 같이 여호와께서는 모세와 대면하여 말씀하시며 모세는 진으로 돌아오나 눈의 아들 젊은 수종자 여호수아는 회막을 떠나지 아니하니라 _출애굽기 33:11

여호수아는 모세가 가데스 바네아 진지에서 가나안 땅을 정탐하기 위해 선택한 12명의 '정탐꾼' 가운데 하나로 발탁되었다.

에브라임 지파에서는 눈의 아들 호세아요 _민수기 13:8

이때 여호수아는 갈렙과 더불어 용기 있는 소수의 견해를 드러냈다.

[6] 그 땅을 정탐한 자 중 눈의 아들 여호수아와 여분네의 아들 갈렙이 자기들의 옷을 찢고 [7] 이스라엘 자손의 온 회중에게 말하여 이르되 우리가 두루 다니며 정탐한 땅은 심히 아름다운 땅이라 [8] 여호와께서 우리를 기뻐하시면 우리를 그 땅으로 인도하여 들이시고 그

땅을 우리에게 주시리라 이는 과연 젖과 꿀이 흐르는 땅이니라 [9] 다만 여호와를 거역하지는 말라 또 그 땅 백성을 두려워하지 말라 그들은 우리의 먹이라 그들의 보호자는 그들에게서 떠났고 여호와는 우리와 함께 하시느니라 그들을 두려워하지 말라 하나 [10] 온 회중이 그들을 돌로 치려 하는데 그 때에 여호와의 영광이 회막에서 이스라엘 모든 자손에게 나타나시니라 _민수기 14:6~10

이 사건으로 여호수아는 갈렙과 함께 출애굽 1세대 가운데 유일하게 가나안 땅 진입을 허락받는다.

여분네의 아들 갈렙과 눈의 아들 여호수아 외에는 내가 맹세하여 너희에게 살게 하리라 한 땅에 결단코 들어가지 못하리라 _민수기 14:30

모세는 자신이 가나안 땅에 들어갈 수 없음을 깨닫고 하나님의 허락과 지목을 받아, 하나님의 영이 머무는 여호수아를 '후계자'로 세운다.

여호와께서 모세에게 이르시되 눈의 아들 여호수아는 그 안에 영이 머무는 자니 너는 데려다가 그에게 안수하고 _민수기 27:18

여호수아와 갈렙은 광야에서 계속되는 이스라엘 백성의 불신과 배신행위에 맞서서, 끝까지 "하나님을 온전히 따랐다"민 32:12.

모세가 모압 평지의 느보 산에서 죽음을 맞이하자, 여호수아는 이스라엘의 '지도자'가 되었다.

> 모세가 눈의 아들 여호수아에게 안수하였으므로 그에게 지혜의 영이 충만하니 이스라엘 자손이 여호와께서 모세에게 명령하신 대로 여호수아의 말을 순종하였더라 _신명기 34:9

여호수아도 모세 못지않게 파란만장한 삶의 이력을 가지고 있다.

'호세아'에서 '여호수아'로 개명: 모세를 통해 소명을 발견

여호수아는 모세의 후계자로 지목되었다가, 모세의 죽음 이후 이스라엘의 지도자가 되었다신 34:9. 여호수아의 본래 이름은 '호세아'였다민 13:8. 호세아는 히브리어로 '구원' 혹은 '구출'이라는 뜻이다. 모세는 눈의 아들 호세아를 정탐꾼으로 발탁하면서 그의 이름을 '여호수아'로 개명해주었다.

> 이는 모세가 땅을 정탐하러 보낸 자들의 이름이라 모세가 눈의 아들 **호세아를 여호수아**라 불렀더라 _민수기 13:16

여호수아란 '여+호수아'로, 여기서 '여'는 '야웨/여호와'의 준말이다. 즉 여호수아는 '야웨는 구원이시다'라는 의미다.[86] 이 이름은 성경에 등장하는 이름들 가운데 하나님의 거룩한 이름인 야웨와 연결된 최초의 이름이다.[87] 이름이 바뀌는 것은 인생이 바뀌는 것이다. 여호수아는 모세를 만나서 인생이 새롭게 바뀐다. 여호수아는 모세를 통해 소명을 발견한다. 여호수아는 이제 야웨 하나님이 이스라엘의 구원자이심을 삶으로 보여주는 신앙적인 삶을 살아야 했다. 자기의 소명을 깨닫고 그 소명을 따라 사는 것은 복된 삶이다. 여러분의 소명은 무엇인가? 오늘도 그 소명을 따라 살고 있는가?

흔들리는 마음을 붙잡아 주시는 하나님

여호수아는 일찍부터 모세의 후계자로 지목되어 모세와 지근거리에서 모세의 고뇌하는 모습을 지켜보았던 인물이다. 위대한 영웅 모세도 목이 곧은 이스라엘 백성들로 인해 자주 시달리고 엄청난 고통을 받았다. 이러한 실상을 가장 가까이서 보아왔던 여호수아가 의지할 만한 영웅도 떠난 시대에, 이제 거친 백성을 홀로 대응한다는 것은 무척 두렵고 떨리는 일이었다. 이때 하나님은 여호수아에게 힘을 준다.

> 5 네 평생에 너를 능히 대적할 자가 없으리니 내가 모세와 함께 있었던 것 같이 너와 함께 있을 것임이니라 내가 너를 떠나지 아니하며 버리지 아니하리니 6 강하고 담대하라 너는 내가 그들의 조상에게 맹세하여 그들에게 주리라 한 땅을 이 백성에게 차지하게 하리라 _여호수아 1:5~6

"내가 모세와 함께 있었던 것 같이 너와 함께 있을 것이다"라는 표현은 하나님의 동행 약속이고, "강하고 담대하라"라는 말은 하나님의 격려다. 하나님은 동행 약속과 격려로 여호수아의 흔들리는 마음을 다잡아 준다. 하나님은 여호수아에게 맹목적으로 강하고 담대하라고 말하는 것이 아니라 하나님과의 관계를 바탕으로 권면한다. "내가 너와 함께 한다"라는 하나님의 동행 약속을 철저히 신뢰하라는 것이다. 그리고 그 약속 위에 마음을 단단히 세우라는 것이다. 하나님은 흔들리는 마음을 강하게 붙잡아 주시는 분이시다.

군대 장관을 영적 사령관으로 내면을 바꾸신 하나님

그러고 나서 하나님은 군대장관 여호수아에게 전혀 새로운 길을 제시한다.

> 7 오직 강하고 극히 담대하여 나의 종 모세가 네게 명령한 그 율법을
> 다 지켜 행하고 우로나 좌로나 치우치지 말라 그리하면 어디로 가
> 든지 형통하리니 8 이 율법책을 네 입에서 떠나지 말게 하며 주야로
> 그것을 묵상하여 그 안에 기록된 대로 다 지켜 행하라 그리하면 네
> 길이 평탄하게 될 것이며 네가 형통하리라 _여호수아 1:7~8

여호수아가 40여 년을 모셨던 모세의 임무가 '이집트로부터의 해방'과 '광야에서의 인도'였다면, 자신의 임무는 '가나안 땅으로

의 정착'과 '그 땅에 대한 공정한 분배'였다. 여호수아가 감당해야 하는 정착과 분배의 임무는 사실 군사적인 업무에 속하는 일이었다. 여호수아에게 절실히 필요한 것은 군사적인 전략이나 전쟁방식이었다. 그러나 하나님은 군대장관에게 하나님의 말씀을 묵상하고 실천하라고 하신다. 하나님은 여호수아가 뛰어난 무예와 전략을 갖춘 '야전 사령관'이 되기보다는 말씀을 성실히 행하는 '영적 사령관'이 되기를 더 원하신다.[88]

큰 전쟁을 앞둔 여호수아에게 전쟁과는 전혀 상관없는 주제로 권면하시는 점이 매우 인상적이다. 전쟁에서의 승리는 이스라엘의 군사력과 여호수아의 군사적 지도력에 달린 것이 아니다. 그들이 하나님의 말씀에 얼마나 순종하느냐에 달렸다. 하나님의 말씀을 묵상하고 그 말씀을 실천하는 것이 최고의 전투력이다. 전쟁은 하나님께 속한 것이기 때문이다.

> 또 여호와의 구원하심이 칼과 창에 있지 아니함을 이 무리에게 알게 하리라 전쟁은 여호와께 속한 것인즉 그가 너희를 우리 손에 넘기시리라 _사무엘상 17:47

따라서 가나안 정착을 앞둔 이들에게 온 마음을 다해 율법을 준수하도록 하는 것은 전쟁에서 승리하기 위한 그 어떤 준비보다 중요하다.[89] 지도자가 온 백성에게 신앙과 삶의 모범이 되는 것이 최고의 지도력이고 최고의 군사력이다. 지도자가 하나님 앞에서 신앙의 본이 되고, 사람 앞에서 삶의 본이 된다면, 온 백성의 마음은 지도자를 중심으로 하나가 될 것이다. 하나님은 여호수아를 군대장관보다 '영적 사령관'으로 바꾸어 무엇보다도 백성의 마음을 사는 최고의 지도자로 만드신다.

> 누가 주의 이 많은 백성을 재판할 수 있사오리이까 듣는 마음을 종에게 주사 주의 백성을 재판하여 선악을 분별하게 하옵소서
> _열왕기상 3:9

"모세의 수종자"에서 결국 "여호와의 종"으로 이끄신 하나님

여호수아는 모세의 그늘에서 한평생을 살았다고 할 수 있다. 여호수아 1장은 다음과 같이 시작한다.

> 여호와의 종 모세가 죽은 후에 여호와께서 **모세의 수종자** 눈의 아들 여호수아에게 말씀하여 이르시되 _여호수아 1:1

여호수아 마지막 장은 다음과 같은 진술로 막을 내리고 있다.

> 이 일 후에 **여호와의 종** 눈의 아들 여호수아가 백십 세에 죽으매
> _여호수아 24:29

여호수아는 마지막 24장의 구절에서 처음으로 '여호와의 종'으로 불린다. 여호와의 종이라는 명예로운 칭호는 여호수아 1장

1절에 나오는 모세를 부르는 칭호였다. 여호수아는 모세의 죽음 이후 이스라엘의 지도자가 되었지만, 초창기에 여호수아는 '모세의 수종자'에 지나지 않았다. 여호수아의 출발은 매우 초라했고 아주 보잘것없었다. 그러나 그의 삶의 마지막에 이르러 여호수아는 '모세의 종'에서 '여호와의 종'의 반열에 들어갔다.

여호수아의 비문은 대리석 묘비에 기록되지 않았다. 그 비문은 여호수아가 영향을 주었던 지도자들과 그가 인도했던 백성들의 삶 가운데 기록되었다.[90]

> 이스라엘이 여호수아가 사는 날 동안과 여호수아 뒤에 생존한 장로들 곧 여호와께서 이스라엘을 위하여 행하신 모든 일을 아는 자들이 사는 날 동안 여호와를 섬겼더라 _여호수아 24:31

여호수아는 이스라엘 지도자 중 최고의 모범이 되었다. 이스라엘이 모든 전쟁에서 이기고, 땅을 점령하고, 야웨와 언약을 체결한 황금기가 곧 여호수아의 시기였다.[91] 하나님은 '사람의 종'모세의 종을 결국 '하나님의 종'여호와의 종으로 멋있게 이끌어 주셨다. 여호수아의 업적은 모세의 업적에 뒤지지 않았다. 하나님은 모세의 종에 지나지 않았던 여호수아를 모세와 같이 '제2의 모세'로 존귀하게 사용하신 것이다. 우리 모두도 점점 더 존귀하게 쓰임받기를 바란다.

한 사람의 인생을 끝까지 붙잡고 이끄시는 하나님,

지금은 주변 사람들의 입김에 자주 흔들리지만,

오직 하나님의 말씀에만 굳건히 서는 하나님의 종으로

인생을 마치게 하소서.

15

하나님의 영을 받았지만 실망스러운 삶을 살았던 삼손, 어떻게 이해해야 할까요?

우리가 몰랐던 삼손: 사사 같지 않은 사사(삿 14:1~4)

삼손은 가장 마지막 사사이면서, 가장 유명한 사사다. 그러나 삼손은 12명의 사사 중 최악이었다. 마지막 사사였던 삼손은 사사들의 계보에서 영광스러운 정점에 오르기는커녕, 최악의 결과로 생을 마감하게 되었다.[92] 또한 삼손은 압제자와의 전쟁을 완수하지 못하고 전쟁 중에 죽은 유일한 사사이기도 하다.[93]

'자기 눈에 좋은 대로' 제멋대로 사는 삼손

사사기 14장에 보면, 삼손은 블레셋 사람이 사는 딤나로 내려가서 블레셋 여자를 보고 결혼을 하려고 한다. 삼손은 하나님의 언약 백성이면서 게다가 나실인이었다. 그런 삼손이 무할례자인 블레셋 여인과 결혼하는 것은 있을 수 없는 일이었다. 부모의 반대에도 삼손은 계속 고집을 부렸다. 삼손은 "내가 그 여자를 좋아하오니 나를 위하여 그 여자를 데려오소서"삿 14:3하고 떼를 쓴다.

여기서 '내가 그 여자를 좋아하오니'는 '내 눈에 좋사오니'라는 의미다. '내 눈에 좋은 대로'라는 표현은 '자기 눈에 좋은 대로' 행동했다는 사사시대의 정신을 비판적으로 지적하는 공식이다. 이 공식은 사사기 후반부에서 다시 나타난다.

> 그 때에는 이스라엘에 왕이 없었으므로 사람마다 **자기 소견눈에에 옳은 대로** 행하였더라 _사사기 17:6

> 그 때에 이스라엘에 왕이 없으므로 사람이 각기 **자기의 소견눈에에 옳은 대로** 행하였더라 _사사기 21:25

사사시대의 시대정신은 '자기 눈에 좋은 대로'하는 것이다. 삼손의 처신은 사사시대의 정신을 똑같이 빼닮았다. 삼손은 '자기 눈에 좋은 대로' 행하는 사사시대의 대표적인 인물이다.[94] 삼손은 나실인으로서의 '언약적 신실함'보다 '성적인 유혹'에 더 이끌림을 받는다.[95] 삼손은 제멋대로 사는 '사사 같지 않은 사사'였다.

사사의 사명에 큰 관심이 없는 삼손

삼손에 대한 평가에서 큰 오해를 주는 본문이 하나 있다. 이는 우리말 개역개정 성경의 잘못된 번역에서 비롯된 것이다.

> 그 때에 블레셋 사람이 이스라엘을 다스린 까닭에 **삼손**이 틈을 타서 블레셋 사람을 치려함이었으나 그의 부모는 이 일이 여호와께로부터 나온 것인 줄은 알지 못하였더라 _사사기 14:4

"삼손이 틈을 타서 블레셋 사람을 치려함이었으나"는 히브리 원문에 의하면, 주어가 '삼손'이 아니라 '그'이다. 이 문맥에서 그는 삼손이 아니라 하나님이시다. 즉 블레셋을 칠 기회를 찾고 있는 분은 삼손이 아니라 야웨 하나님이시다. 적어도 사사기 14장 4절에서 삼손은 등장하지 않는다.

우리나라의 설교자들 가운데 많은 분이 삼손은 블레셋을 심판하시려는 하나님의 뜻을 마음에 숨기고 살았다고 오해를 한다. 하나님의 뜻은 이스라엘을 억압하고 압제하고 있는 블레셋을 무력화하는 것이었다. 예나 지금이나 하나님은 압제자를 용납하지 않으신다. 하나님은 이러한 억압받는 사람을 구원하려고 사사를 세우신다. 그러나 삼손은 하나님이 부여하신 사사의 임무와 사명에 관심이 없다.

하나님에 대하여 '1'도 관심 없는 삼손

삼손은 레히라는 지역에서 '여호와의 영'이 임하여 강력해졌다. 이때 삼손은 나귀의 턱뼈를 가지고 천명을 죽인다. 그리고 다음과 같이 노래한다.

> 나귀의 턱뼈로 한 더미, 두 더미를 쌓았음이여
> 나귀의 턱뼈로 내가 천 명을 죽였도다 _사사기 15:16

삼손은 이 노래를 통해 보잘것없는 무기로 이룬 자신의 큰 승리를 자랑한다. 이 노래에서 하나님에 대한 언급이나 찬양이 없는 것은 매우 의미심장하다. 삼손은 "내가 천 명을 죽였도다"라고 자화자찬하고 있다. 가장 큰 승리의 순간, 삼손은 하나님을 생각하지 못하고 있다.[96] 삼손은 하나님의 영에 의한 권능으로 기적 같은 일을 행사했다. 하지만 삼손은 그 권능을 주신 하나님에 대해서는 '1'도 관심이 없다.

영적인 것에 둔감한 삼손

본질적으로 삼손은 마지막 순간에도 이기적인 모습이 남아 있고, 죽음을 맞이하는 마지막 순간까지도 여전히 영적인 것에 무지한 모습을 버리지 못하고 있다.

들릴라가 이르되 삼손이여 블레셋 사람이 당신에게 들이닥쳤느니라 하니 삼손이 잠을 깨며 이르기를 내가 전과 같이 나가서 몸을 떨치리라 하였으나 여호와께서 이미 자기를 떠나신 줄을 깨닫지 못하였더라 _사사기 16:20

여기서 삼손이 힘을 쓰지 못한 이유로 머리카락이 밀린 것을 말하지 않고, "여호와께서 그를 떠나셨다"는 사실을 말하는 것은 의미심장하다. 머리카락은 상징에 불과했다.[97] 삼손의 힘의 비밀은 그의 머리카락에 있는 것이 아니었다. 그의 힘은 야웨께로부터 나오는 것이었다.[98] 삼손은 자신에게서 하나님이 떠나신 것도 감지하지 못한다. 삼손은 영적으로 매우 둔감한 자였다.

마지막 죽음 앞에서도 공적인 일보다 사적 보복을 구한 삼손

삼손은 블레셋 사람들에 의해서 눈이 뽑히고, 놋줄로 메이고, 옥에서 맷돌을 돌리는 신세가 되었다. 삼손은 블레셋의 신 다곤을 섬기는 큰 축제에 끌려가서 공개적으로 블레셋 사람들의 조롱거리가 되었다. 이때 삼손은 마지막으로 기도한다.

삼손이 여호와께 부르짖어 이르되 주 여호와여 구하옵나니 나를 생각하옵소서 하나님이여 구하옵나니 이번만 나를 강하게 하사 나의 두 눈을 뺀 블레셋 사람에게 원수를 단번에 갚게 하옵소서 하고
_사사기 16:28

여기서 야웨를 향한 삼손의 부르짖음을 동사 '카라'로 사용한 것은 예사롭지 않다. 히브리어로 이스라엘의 부르짖음은 '자아크'이다. 사사기 저자는 다른 동사를 사용함으로써 '삼손 개인의 부르짖음'과 '이스라엘 공동체의 부르짖음'을 구별한다. 삼손의 부르짖음카라은 개인의 곤경을 벗어나기 위한 외침이었을 뿐이다.[99]

삼손은 전에도 그랬던 것처럼, 자기 삶의 마지막 순간까지 사사의 사명인 이스라엘 공동체의 구원보다는 자신의 사적 보복에만 매달린다. 삼손의 죽음은 누가 참 신인지 밝히는 데 사용되었다. 하지만 그것은 삼손이 원했기 때문이 아니다. 하나님이 삼손의 온전치 못한 동기에도 불구하고 그의 행동을 사용하셨기 때문이다.[100]

삼손은 엄청난 능력과 은사를 지닌 사람이다. 하지만 이를 하나님의 뜻을 받드는 일에 사용하지 않았다. 오히려 하나님이 주신 능력과 은사를 가지고 개인적인 성취와 욕망을 채우기에 급급했다. 삼손은 하나님의 의도와 방향은 전혀 염두에 두지 않고, 자신이 원하는 의도와 방향을 따라 움직인다. 삼손은 자신이 하나님의 사사로서 이스라엘을 구원해야 한다는 인식조차 갖지 못한 것으로 보인다. 그런데도 하나님은 당신이 원하시는 목적을 위해 보이지 않는 손으로 개입하시면서 삼손을 통해 이스라엘을 위한 구원의 일을 행하셨다.[101]

다곤 신당에서의 블레셋 심판은 삼손을 통하여 하나님이 하신 일이다. 삼손 이야기에서 영웅은 '끊임없이 불순종하는 삼손'이 아니라, '끝까지 신실하신 하나님'이시다. 여기서 우리는 희망을 발견한다. 우리의 희망은 불신실한 백성들을 사랑스럽게, 또한 신실하게 대우하시는 바보스러운 하나님에게 있다.[102] 우리의 희망은 오늘도 우리를 끝까지 품어주시는 하나님께 있다.

질문 사사기에서 삼손만큼 하나님의 영을 강력하게 받은 인물이 없다. 그러나 강력한 하나님의 영을 받은 삼손의 삶은 실망스러웠다. 이를 어떻게 이해해야 할까?

삼손은 은사와 능력의 사유화와 사사화의 문제를 안고 있다. 하나님으로부터 선택되고 하나님의 영에 의해 재능을 부여받았다고 해서, 그 사람이 반드시 하나님의 목적을 충실하게 실현한다는 보장이 있는 것은 아니다. 삼손은 정면교사가 아니라 반면교사의 대상이다.

불순종하는 우리를 끝까지 포기하지 않는 하나님,
하나님이 주신 능력과 은사를
개인적인 욕심과 욕망으로 허비하지 않고,
하나님 나라를 세우고,
공공의 유익과 공동선을 펼치는 일에 선용하게 하옵소서.

16

우울증을 겪은 엘리야는 어떻게 치유를 받았을까요?

우울증을 앓던 엘리야: 엘리야의 우울증 치료(왕상 19:4)

우울증은 현대인의 심각한 병이 되고 있다. 우울증은 마음이 가라앉아서 움직이지 않는 상태를 말한다.[103] 또한 우울증은 무서운 질병이며, 살면서 죽음을 겪는 것이다. 경건한 목회자들도 우울증의 먹이가 되어 생을 마감하는 경우가 종종 있다. 우울증은 죄로 인한 징벌은 아니고 암과 같은 하나의 질병이기에 죄책감을 가질 필요는 없다.

엘리야의 우울증

열왕기상 19장은 예언자 엘리야의 영적 침체우울증를 보여주는 대표적인 본문이다. 엘리야는 450명의 바알 선지자들과 벌인 목숨을 담보로 한 갈멜산 대첩에서 승리한다왕상 18장. 그런데 그 승리감을 충분히 만끽하기도 전에 왕비 이세벨은 엘리야를 처형하기로 작정한다.

> 내가 내일 이맘때에는 반드시 네 생명을 저 사람들 중 한 사람의 생명과 같게 하리라 그렇게 하지 아니하면 신들이 내게 벌 위에 벌을 내림이 마땅하니라 _열왕기상 19:2

이때 엘리야는 자신의 생명을 부지하기 위해 남 유다의 땅의 최남단인 브엘세바로 도주했고, 그곳에서 자신의 사환을 놓아 보냈다.

> 그가 이 형편을 보고 일어나 자기의 생명을 위해 도망하여 유다에 속한 브엘세바에 이르러 자기의 사환을 그 곳에 머물게 하고 _열왕기상 19:3

이러한 행위는 자신의 사역을 포기한다는 것을 암시한다.[104]

엘리야는 홀홀 단신으로 브엘세바에서 광야로 하룻길을 더 나아가 한 로뎀나무 아래에 머문다.

> 자기 자신은 광야로 들어가 하룻길쯤 가서 한 로뎀 나무 아래에 앉아서 _열왕기상 19:4a

태양이 작열하는 광야 길에서 그나마 작은 그늘이라도 만들어 주는 것이 로뎀나무였다. 이 나무는 3~4m 정도의 높이까지 자라는 광야의 관목으로 광야 길을 지나는 사람들에게 그늘을 제공하기에 충분한 나무였다.[105]

보통 영적 침체에 빠진 사람은 홀로 앉아 죽을 궁리에만 몰두하기 마련이다.

> 자기가 죽기를 원하여 이르되 여호와여 넉넉하오니 지금 내 생명을 거두시옵소서 나는 내 조상들보다 낫지 못하니이다 _열왕기상 19:4b

엘리야는 무덤에 묻혀있는 조상들보다도 살아있는 자신의 현 상황이 더 좋지 못하다고 느낀다. 우울증은 자신을 이미 죽은 사람만 못하다고 간주하도록 한다. 탈진하고 또 모두에게 버림받은 예언자는 깊은 좌절감에 빠져버렸다. 어제의 영적 영웅이었던 엘리야가 오늘은 우울증에 사로잡힌 도망자 신세가 되었다. 우리는 인생의 최고에서 갑자기 인생의 바닥으로 떨어질 수도 있다.

천사를 통한 치료: 힐링 터치

그런데 하나님은 우울증에서 깊이 빠져 죽기를 바라는 엘리야에게 천사를 통해 떡과 물을 주시어 살게 하신다.

> 로뎀 나무 아래에 누워 자더니 천사가 그를 어루만지며 그에게 이

르되 일어나서 먹으라 하는지라 _열왕기상 19:5

천사를 통한 '치유의 어루만짐' healing touch과 떡과 물의 공급이 두 번 반복된다.

여호와의 천사가 또 다시 와서 어루만지며 이르되 일어나 먹으라 네가 갈 길을 다 가지 못할까 하노라 하는지라 _열왕기상 19:7

첫 번째는 지금까지의 사역1차 사역: 갈멜산 대첩으로 인한 탈진을 회복시키는 것이고, 두 번째는 새로운 사역2차 사역을 통고받을 장소로 이동할 힘을 공급하기 위해 주어진다.

하나님과의 만남의 장소

호렙산시내산은 모세가 하나님을 만난 장소이고, 하나님의 계명을 받은 곳이고, 이스라엘의 선조들이 하나님의 임재 앞에서 하나님을 성실하게 섬기겠다고 언약을 체결했던 거룩한 곳이다. 즉 호렙산은 하나님이 이스라엘 백성에게 자신을 처음으로 드러내 보이셨던 곳이다. 하나님은 호렙산의 동굴에 있던 엘리야에게 말씀하신다.

엘리야야 네가 어찌하여 여기 있느냐? _열왕기상 19:9

이 질문에서 핵심은 '여기'라는 부분이다. 하나님은 엘리야에게 허락하신 사명지인 이스라엘을 떠나 도망해 여기 호렙산에 있는 이유를 질문함으로 엘리야에게 자신의 현주소를 다시 생각해 보고 자기의 사명을 다시 붙잡게 하려고 한 것으로 보인다.[106] 하나님은 엘리야의 사표 제출을 거부하고 반려하신다. 우울증에 빠진 예언자는 하나님께 자기중심적인 불평을 터뜨리며 오직 사태의 어두운 면만을 주시하고 있다.

> 오직 나만 남았거늘 그들이 내 생명을 찾아 빼앗으려 하나이다
> _열왕기상 19:10

엘리야의 탄식에는 하나님에 대한 무언無言의 비난이 서려 있다.

하나님의 리콜: 세미한 소리

그러나 하나님은 엘리야를 불러 당신의 앞에 세우신다. "너는 나가서 여호와 앞에서 산에 서라"왕상 19:11a. "여호와 앞에서 서라"아마드타 리프네이 야웨라는 표현은 직무를 맡길 때 쓰는 문구다.

> 길르앗에 우거하는 자 중에 디셉 사람 엘리야가 아합에게 말하되 **내가 섬기는**아마드티 레파나이브 이스라엘의 하나님 여호와께서 살아 계심을 두고 맹세하노니 내 말이 없으면 수 년 동안 비도 이슬도 있지 아니하리라 하니라 _왕상 17:1

엘리야가 이르되 **내가 섬기는**아마드티 레파나이브 만군의 여호와께서 살아 계심을 두고 맹세하노니 내가 오늘 아합에게 보이리라

_열왕기상 18:15

이러한 표현은 '네가 잘못 가고 있지 않다. 계속 가라'라는 뜻이다. 하나님은 탈진해 고장 난 당신의 종 엘리야를 재소환하신다. 하나님은 엘리야를 '리콜'recall하신다. 고장 난 자동차만 리콜 대상이 아니라 탈진한 인간도 리콜 대상이다. 우울증에 빠진 사람들은 보통의 말로 혹은 지금까지의 방식으로는 설득되지 않는다. 하나님은 지금까지 엘리야의 사역을 이끌었던 전통적인 방식인 '바람'과 '지진' 그리고 '불'이 아니라참조. 출 19:16~18, 새로운 방식인 '세미한 소리'를 통해 그를 다시 세운다.

11 여호와께서 지나가시는데 여호와 앞에 크고 강한 바람이 산을 가르고 바위를 부수나 **바람** 가운데에 여호와께서 계시지 아니하며 바람 후에 지진이 있으나 지진 가운데에도 여호와께서 계시지 아니하며 12 또 **지진** 후에 불이 있으나 **불** 가운데에도 여호와께서 계시지 아니하더니 불 후에 **세미한 소리**가 있는지라 _열왕기상 19:11b~12

하나님의 리콜링

그리고 하나님은 엘리야에게 새로운 임무를 맡기신다. 다메섹의 하사엘에게 기름을 부어 아람의 왕이 되게 하고, 예후 장군

에게 기름을 부어 이스라엘의 왕으로 세우고, 엘리사에게 기름을 부어 엘리야의 후계자로 삼으라는 것이다.

> [15] 여호와께서 그에게 이르시되 너는 네 길을 돌이켜 광야를 통하여 다메섹에 가서 이르거든 **하사엘**에게 기름을 부어 아람의 왕이 되게 하고 [16] 너는 또 님시의 아들 **예후**에게 기름을 부어 이스라엘의 왕이 되게 하고 또 아벨므홀라 사밧의 아들 **엘리사**에게 기름을 부어 너를 대신하여 선지자가 되게 하라 _열왕기상 19:15~16

엘리야의 새로운 사역은 이전 사역보다 확대된다. 사역 영역이 국제적으로 확장되고, 국가의 최고 지도자를 교체하고, 자신의 후임자를 세움으로 자신의 사역이 유종의 미를 거두도록 해야 한다. 그리고 우울증으로 좁아진 시야를 교정하여 바알에게 무릎 꿇지 아니한 칠천 인의 동역자를 보게 한다.

> 그러나 내가 이스라엘 가운데에 칠천 명을 남기리니 다 바알에게 무릎을 꿇지 아니하고 다 바알에게 입맞추지 아니한 자니라
>
> _열왕기상 19:18

그의 제2기 사역은 더 이상 외롭지 않을 것이다. 이후 엘리야는 새로운 사역을 감당한다.

> [19] 엘리야가 거기서 떠나 사밧의 아들 엘리사를 만나니 그가 열두 겨

릿소를 앞세우고 밭을 가는데 자기는 열두째 겨릿소와 함께 있더라 엘리야가 그리로 건너가서 겉옷을 그의 위에 던졌더니 [20] 그가 소를 버리고 엘리야에게로 달려가서 이르되 청하건대 나를 내 부모와 입맞추게 하소서 그리한 후에 내가 당신을 따르리이다 엘리야가 그에게 이르되 돌아가라 내가 네게 어떻게 행하였느냐 하니라 [21] 엘리사가 그를 떠나 돌아가서 한 겨릿소를 가져다가 잡고 소의 기구를 불살라 그 고기를 삶아 백성에게 주어 먹게 하고 일어나 엘리야를 따르며 수종 들었더라 _열왕기상 19:19~21

엘리야는 우울증에서 완전히 치유되고 온전하게 회복되었다.

새로운 사명: 삶의 의미 재발견

하나님은 새로운 사명을 깨닫게 함으로써 엘리야의 우울증을 치유하신다. 하나님이 그에게 새로운 일을 주셨을 때, 의심은 끝나고 걱정은 사라진다.[107] 하나님은 우울증에 빠진 엘리야를 '리콜' recall하셔서 '리콜링' recalling: 재 소명, 제2의 소명하심으로 그를 치유하시고 새롭게 사용하신다. 우울증에 빠져 헤매는 사람이 치료받을 수 있는 최상의 방법은 새로운 사명을 발견하는 것이다. 인간은 밥만 먹고 사는 게 아니라 의미를 먹고 산다. 인간은 의미 없음을 견딜 수 없다. 인간을 살게 하는 힘은 '의미'다. "왜 사는지를 아는 사람은 어떻게든 살 수 있다." 인생에는 '질주의 시간'도 있어야 하지만, '모색의 시간'과 '성찰의 시간'도 있어야 한다. 엘리야는 성찰의 시간을 통해 왜 살아야 하는지를 재발견한 것이다.

우리를 포기하지 않으시는 하나님,

방향을 잃고 모든 것을 내려놓고 싶을 때,

우리에게 새로운 사명을 주셔서

삶의 의미를 새롭게 발견하게 하소서.

17

성경에 나오는 최악의 부부인 아합과 이세벨은 어떤 삶을 살았을까요?

우리가 몰랐던 아합과 이세벨: 이세벨의 충동에 넘어간 아합(왕상 21:25)

성경에는 복된 부부 '아굴라와 브리스길라'도 나오지만롬 16:3-5, 저주의 부부 '아합과 이세벨'도 나온다. 아합과 이세벨은 북 왕국 이스라엘 역사상 최악의 우상숭배자로 악명이 높은 부부다.

아합은 왜 시돈의 딸 이세벨과 결혼했을까?

남 왕국 유다는 다윗의 후손이 왕위를 계승하면서 단일 왕조를 이룬다대략 340년간 20명의 왕. 그러나 북 왕국 이스라엘은 무려 9왕조로 구성된다대략 200년간 19명의 왕. 북 왕국은 왕조다운 왕조를 이룬 경우가 단 두 번에 지나지 않는다. 오므리 왕조882~845년, 37년간=대략 40

년간와 예후 왕조845~747년, 98년간=대략 100년간다. 아합은 오므리 왕의 아들이다. 아합은 비교적 북 왕국에서 매우 번성했던 시절에 왕위에 오른다. 시돈은 두로 다음으로 중요한 페니키아에 속한 도시 국가다. 시돈은 항구도시로서 당시 국제적으로 해상 무역을 주도했던 경제 강국이었다.

> 2 바다에 왕래하는 **시돈 상인**들로 말미암아
> 부요하게 된 너희 해변 주민들아 잠잠하라
> 3 시홀의 곡식
> 곧 나일의 추수를 큰 물로 수송하여 들였으니
> 열국의 시장이 되었도다 _이사야 23:2~3

오므리는 접경 국가인 시돈과의 왕실 결혼정책을 통해 정치적, 경제적으로 안정을 누릴 수 있었다. 주변 강대국과의 화친과 이익을 위한 왕실 결혼정책은 당시 흔한 외교정책이었다. 아합과 이세벨의 결혼은 정치, 경제적인 면에서는 상호 유익한 정책이었다. 그러나 신앙적으로는 문제가 될 수 있다. 솔로몬도 왕실결혼정책으로 결국 우상숭배자로 전락한 적이 있다.

> 솔로몬의 나이가 많을 때에 그의 여인들이 **그의 마음을 돌려 다른 신들을 따르게 하였으므로** 왕의 마음이 그의 아버지 다윗의 마음과 같지 아니하여 그의 하나님 여호와 앞에 온전하지 못하였으니 _열왕기상 11:4

아합과 이세벨은 어떤 악행을 저질렀는가?: 종교혼합, 억야숭바 야웨 억압과 바알 숭상

1) 사마리아에 바알 신전 건립

아합은 이세벨과 결혼 이후 이스라엘의 수도인 사마리아에 바알 신전을 세우고 바알을 숭배한다.

> [31] 느밧의 아들 여로보암의 죄를 따라 행하는 것을 오히려 가볍게 여기며 시돈 사람의 왕 엣바알의 딸 이세벨을 아내로 삼고 가서 바알을 섬겨 예배하고 [32] 사마리아에 건축한 바알의 신전 안에 **바알을 위하여 제단을 쌓으며** _열왕기상 16:31~32

이는 이집트의 억압에서 야웨의 도움으로 구원받은 이스라엘 백성이 해서는 안 되는 일이었다. 이스라엘은 야웨와 언약을 체결한 하나님의 백성이다출 24:1~8. 이스라엘은 하나님 앞에 다른 신을 두지 말라는 제1계명을 준수해야 할 언약백성이다. 그런데 가장 기본적인 계명을 왕부터 무시한 것이다.

2) 야웨신앙 억압

바알 숭배자인 이세벨은 전면에 나서서 야웨 신앙인들의 핵심층인 야웨의 선지자들을 대대적이고 조직적으로 잡아들인다.

> 이세벨이 여호와의 선지자들을 멸할 때에 오바댜가 선지자 백 명을

가지고 오십 명씩 굴에 숨기고 떡과 물을 먹였더라 _열왕기상 18:4

이세벨은 자신이 후원하는 바알 선지자들이 엘리야와의 갈멜산 대결에서 참살을 당하자, 엘리야의 생명을 거두라는 명령을 내린다.

이세벨이 사신을 엘리야에게 보내어 이르되 내가 내일 이맘때에는 반드시 **네 생명을 저 사람들 중 한 사람의 생명과 같게 하리라** 그렇게 하지 아니하면 신들이 내게 벌 위에 벌을 내림이 마땅하니라 한지라 _열왕기상 19:2

아합은 아마도 야웨 신앙을 유지한 채, 바알신앙도 허용한 것으로 보인다. 일종의 '종교혼합정책'이다. 그러나 골수 바알숭배자인 이세벨은 달랐다. 이세벨은 '억야숭바정책'을 폈다. '억야숭바'는 우리나라의 고려가 망하고 조선이 건국되면서 유교를 숭상하고 불교를 탄압한 정책인 억불숭유에서 패러디한 말이다.

억불숭유 ➡ 억야숭바

아마도 국가의 종교정책은 이세벨이 주도한 것으로 보인다. 이세벨은 노골적으로 이스라엘의 정통 야웨신앙을 억압하고, 바알신앙을 부흥시키려고 한 것이다. 이세벨의 억야숭바정책은 야웨의 백성에게는 근본적으로 자신들의 정체성을 배반하는 일이었다.

3) 하나님의 법 무시

아합과 이세벨의 악행의 절정은 나봇의 포도원을 강탈한 사건에서 발생한다왕상 21장. 당시 이스라엘의 수도는 사마리아였다. 아합은 이스르엘에 겨울궁전을 세웠다. 아합왕은 나봇에게 이스르엘의 겨울궁전과 인접해 있었던 포도원을 매입할 것을 제안한다. 아합은 좋은 조건을 제시했지만 보기 좋게 딱지를 맞는다. 나봇의 포도원은 조상으로부터 물려받은 유산이었다. 조상으로부터 물려받은 땅은 하나님에게서 받은 땅이기 때문에, 다른 이에게 팔아넘길 수 없다레 25:23~28. 이것은 하나님의 법으로 엄격하게 규정되어 있었다. 아무리 왕이라 할지라도 하나님의 법을 어길 수는 없었다. 이스라엘에서는 왕도 하나님의 법 아래에 있었다.

여기서 문제가 발생한다. 이스라엘의 왕권 이해와 주변국가여기서는 시돈의 왕권 이해가 충돌한다. 주변국가의 절대왕정체제에서는 모든 백성은 왕의 권세 아래에 놓여있다. 그러나 이스라엘은 왕도 백성과 같이 율법의 구속을 받았다.

> 18 그가 왕위에 오르거든 이 율법서의 등사본을 레위 사람 제사장 앞에서 책에 기록하여 19 평생에 자기 옆에 두고 읽어 그의 하나님 여호와 경외하기를 배우며 이 율법의 모든 말과 이 규례를 지켜 행할 것이라 _신명기 17:18~20

이세벨의 눈에 아합왕은 쪼다 같았다. 이세벨은 율법을 악용해 나봇을 제거한다.

불량자 두 사람을 그의 앞에 마주 앉히고 그에게 대하여 증거하기를 네가 하나님과 왕을 저주하였다 하게 하고 곧 그를 끌고 나가서 돌로 쳐죽이라 하였더라 _열왕기상 21:10

너는 재판장을 모독하지 말며 백성의 지도자를 저주하지 말지니라 _출애굽기 22:28

나봇은 죄가 없음에도 법률에 의해 사형을 당한다. 일종의 사법살인이 발생한 것이다. "나봇은 하나님과 왕을 저주하였다"라는 죄목을 덮어쓰고 억울하게 돌로 쳐 죽임을 당한다. 열왕기하 9장 26절의 보고에 따르면, 나봇의 아들들도 이때 처형당한다.

여호와께서 말씀하시기를 내가 어제 나봇의 피와 그의 아들들의 피를 분명히 보았노라 여호와께서 또 말씀하시기를 이 토지에서 네게 갚으리라 하셨으니 그런즉 여호와의 말씀대로 그의 시체를 가져다가 이 밭에 던질지니라 하는지라 _열왕기하 9:26

단죄받은 사람의 재산은 왕권에 의해 몰수되는 것이 관행이었다.

아합은 나봇이 죽었다 함을 듣고 곧 일어나 이스르엘 사람 나봇의 포도원을 차지하러 그리로 내려갔더라 _열왕기상 21:16

자연스럽게 나봇의 포도원은 아합과 이세벨의 손에 떨어졌다. 아합과 이세벨은 하나님의 법을 어길 뿐 아니라, 하나님의 법을 악용하여 사람을 죽인다. 땅을 영구히 사고팔지 말라는 계명뿐만 아니라 살인하지 말라는 제6계명도 어긴 것이다.

아합과 이세벨에게 내려진 심판은?

하나님은 하나님의 법을 어긴 아합과 이세벨에게 심판을 알리도록 엘리야 선지자를 보내신다왕상 21:17. 이들에게는 죽음의 심판이 선고된다. 아합은 재앙을 받아 쓸어버림을 당할 것이다. 이세벨은 죽임을 당하여 개의 밥이 될 것이다.

> 예로부터 아합과 같이 그 자신을 팔아 여호와 앞에서 악을 행한 자가 없음은 그를 그의 아내 이세벨이 충동하였음이라 _열왕기상 21:25

아합은 엘리야의 심판선포를 듣고 그 자리에서 옷을 찢고 굵은 베로 몸을 동이고 금식하고 풀이 죽어 다닌다.

> 아합이 이 모든 말씀을 들을 때에 그의 옷을 찢고 굵은 베로 몸을 동이고 금식하고 굵은 베에 누우며 또 풀이 죽어 다니더라 _열왕기상 21:27

하나님은 아합의 이러한 겸비함을 보신다. 아합 자신은 재앙에서 제외되는 은혜를 받는다. 그러나 이세벨은 엘리야의 예언대로 예후에 의해서 죽임을 당한다.

예후가 그의 장관 빗갈에게 이르되 그 시체를 가져다가 이스르엘 사람 나봇의 밭에 던지라 네가 기억하려니와 이전에 너와 내가 함께 타고 그의 아버지 아합을 좇았을 때에 여호와께서 이같이 그의 일을 예언하셨느니라 _열왕기하 9:25

아합의 아들 칠십 명도 엘리야의 예언대로 예후의 명령에 의하여 한꺼번에 몰살을 당한다.

편지가 그들에게 이르매 그들이 왕자 칠십 명을 붙잡아 죽이고 그들의 머리를 광주리에 담아 이스르엘 예후에게로 보내니라

_열왕기하 10:7

역사상 최악의 저주받은 부부

아합과 이세벨, 그리고 그의 아들들은 하나님의 심판으로 역사에서 사라진다. 한때 최고의 권력을 휘둘렀던 아합과 이세벨. 정치와 경제적 가치만을 최고의 가치로 삼고, 하나님의 법도 무시한 자의 말로가 참으로 비참하다. 자신의 잘못으로 자식들도 억울한 죽음으로 내몰았다. 아합과 이세벨은 성경 역사상 최악의 저주받은 부부가 된다. 이후 이세벨은 거짓 선지자이거나 경제적인 이익으로 현실에 순응하며 타협하는 자를 상징하는 말로 사용

된다.[108]

그러나 네게 책망할 일이 있노라 자칭 선지자라 하는 여자 **이세벨**을 네가 용납함이니 그가 내 종들을 가르쳐 꾀어 행음하게 하고 우상의 제물을 먹게 하는도다 _요한계시록 2:20

자신의 이익 때문에 자신의 정체성도 배반하고 남을 해치는 행위는 가문을 멸하는 행위이다. 눈앞의 물질 때문에 하나님의 자녀로서의 정체성을 배신하는 일이 없기를 함께 기도한다.

참이신 하나님,
물질적 가치보다 하나님 나라의 가치를 우선하는
삶을 살게 하소서

18

고집스런 예언자 요나를 어떻게 이해해야 할까요? 과연 요나를 닮아야 하나요?

우리가 몰랐던 요나: 방탕한 선지자, 요나 같이 살지 말라!(욘 4:10~11)

요나는 '아밋대의 아들'로 소개된다욘 1:1. '아밋대'는 '진리'진실라는 뜻이다. 요나는 '진리의 아들'이다. 요나의 인생은 '진리를 추구하고', '진리를 수호하고', '진리대로 산다라는 의미가 담겨 있다.[109]

요나의 다시스 행: 하나님의 명령 거부

하나님은 아시리아의 수도 니느웨의 악이 하늘에 닿자, 요나를 불러 그들에게 경고하라는 명령을 내린다욘 1:2. 그러나 요나는 하나님의 명령을 거역하고 예루살렘을 중심으로 북동쪽 위에 위치한 '니느웨'오늘의 이라크를 등지고, 이와는 정반대 방향인 오늘의 스페인 무역도시인 '다시스'로 도주한다욘 1:3. 당시 스페인은 지구 서쪽 끝의 지역으로 알고 있었다. 요나는 하나님의 얼굴을 피하고 명령을 거부하기 위하여 정반대의 도시로 도주한 것이다.

하나님을 철저히 외면

요나는 하나님의 얼굴을 피하여 다시스로 도망하려고 욥바 항구로 "내려갔다."

그러나 요나가 여호와의 얼굴을 피하려고 일어나 다시스로 도망하려 하여 욥바로 **내려갔더니**야라드 _요나 1:3a

또한 요나는 하나님의 얼굴을 피하려고 배로 "내려갔다."

마침 다시스로 가는 배를 만난지라 여호와의 얼굴을 피하여 그들과 함께 다시스로 가려고 배삯을 주고 배에 **올랐더라**"내려갔다", 야라드 _요나 1:3b

요나는 하나님의 얼굴을 피하려고 배 안에서도 맨 밑층으로 "내려갔다."

사공들이 두려워하여 각각 자기의 신을 부르고 또 배를 가볍게 하려고 그 가운데 물건들을 바다에 던지니라 그러나 요나는 배 밑층에 **내려가서**야라드 누워 깊이 잠이 든지라 _요나 1:5

배의 맨 밑층에서도 하나님의 얼굴과 최대한 멀어지려고 "누웠다." 그리고 하나님의 말씀을 완벽하게 차단하려고 얼굴을 돌려서? "깊이 잠들어 버렸다." 요나는 매우 치밀하고 완고한 성격의 소유자로 보인다. 요나는 하나님을 철저히 외면한다.

폭풍 속에서 하나님을 마주하다

하나님은 요나가 탑승한 배가 떠 있는 바다에 큰바람을 내리신다. 요나를 제외한 모든 이방인 사공들은 각자의 신들에게 기도하고, 배의 짐을 바다에 던지며 자구책을 마련하고자 안간힘을 다한다. 이토록 우상 신을 섬기는 이방인들도 자신의 신에게 기도하는데, 참 하나님을 섬기는 요나는 기도는커녕 잠만 잔다. 요나는 이 사단이 자기 때문에 일어난 일임을 안다. 하나님과 마주한 것이다. 그러나 요나는 마주친 하나님에게 기도하지 않는다. 하나님을 외면하고, 자신을 바다에 던져 제물로 삼을 것을 제안한다. 이는 다른 이를 살리기 위한 살신성인의 처신으로 보이지 않는다. 자신이 죽는 일이 있어도, 니느웨의 사명은 못하겠다는 또 한 번의 사명 거부이며 하나님께 대한 암묵적인 시위이다.

물고기 뱃속에서 끝까지 버티다, 결국 하나님께 입을 열다

물고기의 뱃속에 먹힌 요나는 뜻밖에도 하나님의 은혜로 생명을 건진다. 요나는 그래도 입을 열지 않는다. 사흘 밤낮을 보내도 하나님을 향하여 입을 닫는다.

여호와께서 이미 큰 물고기를 예비하사 요나를 삼키게 하셨으므로 요나가 밤낮 삼 일을 물고기 뱃속에 있으니라 _요나 1:17

참 대단한 사람이다!! 요나는 이제 바다의 심연 속 더욱 아래까지 내려간다.

주께서 나를 깊음 속 바다 가운데에 던지셨으므로 _요나 2:3
내가 산의 뿌리까지 내려갔사오며 _요나 2:6

결국 요나는 그 밑바닥에서 자신의 한계를 만난다. 그리고 그 무거운 입을 열고 드디어 하나님께 기도한다. 밑바닥은 하나님 은혜의 가장 큰 신비를 배우는 곳이다.[110]

울며 겨자 먹는 심정으로 하나님의 정의를 선포하다

요나는 니느웨로 간다. 정확히 표현하면, 갈 수밖에 없었다. 사흘 동안을 걸을 만큼 큰 도시인 니느웨에서 요나는 단 하루만 순종한다. 그것도 히브리어 다섯 단어로 된 한 문장만 외쳤다.

사십 일이 지나면 니느웨가 무너지리라 _요나 3:4

요나는 이 말 한마디를 하고 싶지 않아서 그 난리를 친 것이다. 그런데 이게 어찌 된 일인가? 니느웨 사람들은 물론 짐승들까지 물도 끊고 금식을 하고, 하나님께 부르짖으며 회개했다.

> 7 왕과 그의 대신들이 조서를 내려 니느웨에 선포하여 이르되 사람이나 짐승이나 소 떼나 양 떼나 아무것도 입에 대지 말지니 곧 먹지도 말 것이요 물도 마시지 말 것이며 8 사람이든지 짐승이든지 다 굵은 베 옷을 입을 것이요 힘써 하나님께 부르짖을 것이며 각기 악한 길과 손으로 행한 강포에서 떠날 것이라 _요나 3:7~8

하나님은 니느웨 사람들이 악한 길에서 돌이키자, 기다렸다는 듯이 심판의 뜻을 돌이키셨다.

> 하나님이 그들이 행한 것 곧 그 악한 길에서 돌이켜 떠난 것을 보시고 하나님이 뜻을 돌이키사 그들에게 내리리라고 말씀하신 재앙을 내리지 아니하시니라 _요나 3:10

더 큰 악에 빠진 요나: 하나님에게 끝까지 성질부리며 대들다

이러한 일은 요나가 가장 우려한 일이었다. 평생 악독한 삶을 살았던 니느웨가 한순간 회개했다고 모든 것이 용서되는 것이 정의로운 것인가? 니느웨의 구원으로 요나는 더 큰 악에 빠져버렸다.

요나가 매우 싫어하고 성내며 _요나 4:1, 우리말개역개정

그것이 요나에게 **큰 악**라아 그돌라이 되었고, 그는 화가 났다 _요나 4:1, 필자의 사역

하나님은 더 큰 악에 빠져버린 요나를 구출하려고 온갖 노력을 다 기울이신다.

그의 괴로움을 면하게 하려 하심이었더라 _요나 4:6, 우리말개역개정

그의 악라아에서 빼어 오려고 _요나 4:6, 필자의 사역

하나님은 '박넝쿨', '벌레', '동풍'이라는 여러 가지 교육적 도구를 준비하셔서 하나님께 손가락질하며 대들며 성질부리는 요나를 꾸준히 설득하신다. 하나님의 끊임없는 설득에도 요나는 거칠게 대든다.

사는 것보다 죽은 것이 내게 나으니이다 _요나 4:8

내가 성내어 죽기까지 할지라도 옳으니이다 _요나 4:9

요나서의 메시지: 요나 같이 살지 말라!

그러나 하나님의 마지막 말씀에 요나는 더 이상 말이 없다.

10 여호와께서 이르시되 네가 수고도 아니하였고 재배도 아니하였

고 하룻밤에 났다가 하룻밤에 말라 버린 이 박넝쿨을 아꼈거든 [11] 하물며 이 큰 성읍 니느웨에는 좌우를 분변하지 못하는 자가 십이만여 명이요 가축도 많이 있나니 내가 어찌 아끼지 아니하겠느냐 하시니라 _요나 4:10~11

요나서 전반부의 요나는 예수님의 유명한 비유에 등장하는 아버지를 떠나 달아난 '탕자'의 역할을 한다눅 15:11~24. 하지만 후반부의 요나는 탕자의 형의 모습과 같다눅 15:25~32. 탕자의 형은 아버지에게 순종하지만, 아버지가 돌아온 죄인에게 은혜를 베풀자 아버지를 나무란다.[111] 아버지의 두 아들은 둘 다 '탕자'이다. 하나는 돌아온 탕자, 즉 '돌 탕'이고, 또 하나는 집에 있는 탕자, '집 탕'이다.

예수님의 비유는 아버지가 바리새인 같은 아들에게 던지는 질문으로 끝나고, 요나서는 하나님이 바리새인 같은 선지자 요나에게 던지시는 질문으로 끝이 난다.[112] 선배 요나는 니느웨의 심판을 주장하고, 후배 요나도 방탕한 동생의 처벌을 원한다.[113] 자기들도 탕자임을 잊은 채.

정치적으로나 사회적으로 또는 종교적으로 우리와 입장이 다른 사람들도 심지어 원수조차도 똑같이 창조주 하나님의 피조물이다. 그런 점에서 그들도 우리와 마찬가지로 하나님의 사랑과 돌봄의 대상이다.[114] 요나는 자신만이 하나님을 가장 잘 안다고 착각하는 이기적이고 교만한 신앙인이다. 요나서의 메시지는 "방탕한 선지자, 요나같이 살지 말라"이다.

사랑과 포용의 하나님,

차별과 배제와 정죄하는 내 안의 요나를 잠잠케 하소서.

Part 4

신약 성경 인물 다시 보기

19

왜 예수님은 마르다와 마리아 중에 마리아를 칭찬하신 것일까요?

마르다와 마리아: 여성 해방과 영적 분별(눅 10:38~42)

하나님 사랑과 이웃 사랑의 본보기

누가복음 10장 38~42절은 착한 사마리아인의 비유와 마찬가지로 누가복음에만 나오는 이야기다. 누가가 착한 사마리아인의 비유와 마르다와 마리아 이야기를 나란히 배열한 것은 누가복음 10장 27절에 나오는 가장 큰 계명인 '하나님 사랑'과 '이웃 사랑'이라는 계명의 본보기를 하나씩 제시하기 위해서였을 것이다. 누가에 따르면, 이웃을 사랑한다는 것은 사마리아인처럼 행동하는 것이고, 하나님을 사랑한다는 것은 마리아처럼 행동하는 것을 의미한다.[115]

선한 사마리아인?: 경멸의 대상도 품어야 참 이웃 사랑

누가는 착한 사마리아인의 비유에서 제사장과 레위인을 사마리아인과 대조했듯이, 여기서는 마르다와 마리아를 대조시킨다. 이 두 가지 이야기는 파격적인 면이 있다. 유대인의 입장에서 당시 사마리아인은 미움과 경멸의 대상이었다. 따라서 당시의 분위기에서 '선한 사마리아인'은 '선한 히틀러'와 맞먹는 표현이다.

> 사마리아 여자가 이르되 당신은 유대인으로서 어찌하여 사마리아 여자인 나에게 물을 달라 하나이까 하니 이는 유대인이 사마리아인과 상종하지 아니함이러라 _요한복음 4:9

그런데 이러한 경멸의 대상도 품어야 참된 이웃 사랑을 하는 것이다. 이 가르침은 파격이다.

여성의 제자 교육?: 여성의 해방

마리아가 예수님의 말씀을 배우는 행동도 파격이다. 마르다는 자기 집을 방문하신 예수님을 대접하기 위해 분주한 반면, 마리아는 예수님의 발치에 앉아 예수님의 말씀을 듣고 있다. '주의 발치에 앉아'라는 표현은 사도행전 22장 3절에 나오는 '가말리엘의 문하에서'라는 표현과 같다.

나는 유대인으로 길리기아 다소에서 났고 이 성에서 자라 **가말리엘의 문하에서** 우리 조상들의 율법의 엄한 교훈을 받았고 오늘 너희 모든 사람처럼 하나님께 대하여 열심이 있는 자라 _사도행전 22:3

바울이 가말리엘의 문하생 제자이듯, 마리아도 예수님의 문하에서 학습한 예수님의 제자였다.[116] 누가복음에 따르면, 예수님은 여성들이 제자들의 수에 끼어드는 것을 문제 삼지 않으신다.

[1] 그 후에 예수께서 각 성과 마을에 두루 다니시며 하나님의 나라를 선포하시며 그 복음을 전하실새 열두 제자가 함께 하였고 [2] 또한 악귀를 쫓아내심과 병 고침을 받은 어떤 여자들 곧 일곱 귀신이 나간 자 막달라인이라 하는 마리아와 [3] 헤롯의 청지기 구사의 아내 요안나와 수산나와 다른 여러 여자가 함께 하여 자기들의 소유로 그들을 섬기더라 _누가복음 8:1~3

이 사실은 예수님 당시 여성에 대한 인식과 관습을 고려할 때 매우 충격적인 사건이다. 기원후 1세기 유대 지방에서 여성들은 일종의 노예로 간주했다. 여성은 종과 함께 남자남편의 재산의 일부였다. 결혼 전의 여성은 즉 성인이 되기 전까지12년 6개월 아버지의 소유였다. 따라서 남편 혹은 아버지가 원한다면, 아내나 딸은 얼마든지 매매할 수도 있었다.[117]

갚을 것이 없는지라 주인이 명하여 그 몸과 아내와 자식들과 모든

소유를 다 팔아 갚게 하라 하니 _마태복음 18:25

따라서 여성은 랍비들의 교육 대상이 되지 못했다. 랍비들은 여성들을 가르치는 것을 수치스럽게 여겼으며, 심지어는 여성들과의 대화조차도 회피했다.[118] 그래서 여성은 랍비가 될 수도 없었다.

이런 당대의 관습을 고려하면 예수님이 여성들만 사는 집에 초대를 받아 그들의 대접을 받으며, 또한 여성들에게 말씀을 가르쳤다는 사실은 일종의 스캔들과도 같은 사건이었다. 주님의 이런 태도는 당대 여성들에 대한 일반적인 기대와 어긋나는 파격적인 행동이었다.[119]

마르다는 전통적으로 여성의 일로 여기던 음식 순비에 몰두했고, 마리아는 당시 여자들에게는 금지되어 있던 말씀을 배우는 일을 하고 있었다. 이때 예수님은 마리아를 칭찬하신다.

마리아는 이 좋은 편을 택하였으니 _누가복음 10:42

누가는 이 이야기를 통해 말씀을 듣는 일이 다른 어떤 일보다 중요함을 강조한다. 당시 이스라엘에서는 말씀을 배우는 일이 여자들에게 허용되지 않았다. 그런데 예수님은 여자가 말씀을 배우는 일을 적극적으로 권고하실 뿐만 아니라 칭찬까지 하신다. 예수님은 모든 여인이 마리아처럼 부엌일 못지않게, 남자와 똑같이 서재와 강의실을 택할 권리가 있음을 인정하신다.

마르다와 마리아의 이야기는 말씀을 듣는 일이 아주 중요하지만, 말씀 듣는 일이 여인들에게도 허락되는 것이 중요하다는 사실을 보여준다. 그렇다면 41~42절은 '마르다에 대한 책망'이라기보다는 '마리아에 대한 변호'다.[120]

[41] 주께서 대답하여 이르시되 마르다야 마르다야 네가 많은 일로 염려하고 근심하나 [42] 몇 가지만 하든지 혹은 한 가지만이라도 족하니라 마리아는 이 좋은 편을 택하였으니 빼앗기지 아니하리라 하시니라 _누가복음 10:41~42

여성의 해방이 하나의 주된 메시지다. 여성에게도 교육의 기회를 … 모든 성차별은 철폐되어야 한다.

마르다의 길 혹은 마리아의 길

여기서 마르다는 식탁 봉사에 집중하고 완벽한 여주인, 마리아는 말씀 공부에 빠져 있다 완벽한 제자. 사실 요한복음 12장 1~8절에서도 마르다는 지상적인 일에 관심을 갖고 모든 사람의 식탁 시중을 든다 "예수를 위하여 잔치할 새 마르다는 일을 하고", 2절. 반면 마리아는 영적인 자세로 예수님을 섬기는 일에만 집중한다 "마리아는 지극히 비싼 향유 곧 순전한 나드 한 근을 가져다가 예수의 발에 붓고 자기 머리털로 그의 발을 닦으니 향유 냄새가 집에 가득하더라", 3절.[121]

요한복음 11장에 의하면, 마르다는 자기편에서 주도적으로 행동하는 반면요 11:20~22, 24, 27, 마리아는 예수님의 말씀으로 부르심을 받았다요 11:28~29.[122] 마르다는 밖으로 나가 적극적으로 예수님을 만나고"마르다는 예수께서 오신다는 말을 듣고 곧 나가 맞이하되 마리아는 집에 앉았더라", 요 11:20, 마리아는 집에서 수동적으로 예수님을 기다린다"마리아가 이 말을 듣고 급히 일어나 예수께 나아가매", 요 11:29. 마르다는 능동적이며 적극적이고, 마리아는 수동적이며 소극적이다.

흔히들 오해하듯이, 여기서 마르다와 마리아를 '행동형 영성' vita activa과 '묵상형 영성' vita contemplativa의 모델로 보는 것은 잘못이다. 행동과 묵상은 당연히 둘 다 중요하다. 행동하지 않으면 먹을 수 없고, 묵상하지 않으면 예배할 수 없다. 둘 중에서 행동으로 부름을 받은 사람도 있고, 묵상으로 부름을 받은 사람도 있다.[123]

예수님은 마르다의 '시중드는 일로 분주한 것'과 '많은 일을 염려하고 근심하는 것'을 나무라신다. 예수님은 마르다의 시중드는 일 자체를 나무라는 것이 아니다. 시중드는 일로 인한 분주함과 많은 일로 인한 염려와 근심을 지적한다. 여기서 초점은 두 가지 종류의 기독교적 활동에 있는 것이 아니다. 봉사냐 예배냐의 문제가 아니다. 오히려 다른 종교적 활동 때문에 모든 기독교적인 활동의 기초가 되는 그리스도의 말씀으로부터 일차적 관심을 빼앗기는 것에 있다.[124] 너무 시중드는 일에 정신을 쏟다 보면, 그보다 훨씬 더 중요한 일, 곧 하나님의 말씀을 듣는 일을 소홀히 하게 된다는 것이다.[125] "일상적인 식사 때문에 참된 식사에 대한 식욕을 잃는 일이 있어서는 안 된다"라는 것이다.

가서 행동할 때가 있고, 듣고 곰곰이 생각해야 하는 때도 있다. 언제, 어떤 것을 해야 하는지 아는 것은 영적 분별의 과제다.

하나님,
우리에게 행동할 때와 생각할 때를 분별하는 지혜를 주시고,
주님의 가르침에 우선순위를 두는 삶을 살게 하소서.

“

20

예수님은 부자 청년에게 재물을 나누고 따르라 하시는데, 돈을 많이 벌고 싶어 하는 것은 잘못일까요?

영생을 묻는 부자 청년: 돈에 매이면 천국도 구원도 없다!(마 19:16~26)

”

영생을 묻는 부자 청년에 관한 내용은 마태복음[19:16~30], 마가복음[10:17~31] 그리고 누가복음[18:18~30]에 나온다. 오늘은 마태복음의 내용에 주목한다.

모든 신앙인이 모든 소유를 포기하라고?

예수님은 영생을 묻는 청년에게 “네 소유를 팔아 가난한 자들에게 주라”라고 명령하신다. 이 명령은 독신에 대한 앞의 명령과 같이[마 19:10~12], 모든 사람에게 주어진 것이 아니다. 집과 소유물을 다 포기하고 예수를 따라야 한다면, 예수를 믿고 따르는 우리는 모두 상당히 부담스러울 것이다. 어쩌면 예수 믿는 것 자체를 심각하게 고민할지도 모르겠다.

그러나 예수님이 모든 것을 다 "나누어주고 자신을 따르라"라고 말씀하신 경우는 많지 않다. 이 말씀을 하신 경우는, 1) 열두 제자처럼 다른 것에 매이지 않고 항상 예수님과 함께 있으면서 같이 일하기를 바라는 경우나, 2) 이 젊은이처럼 그의 소유가 우상이 되어버린 경우이다.[126] 그래서 이 이야기는 예수님의 제자로 부르신 "소명 이야기"나를 따르라로 읽어야 한다.[127] 우리 같은 평범한 그리스도인들에게 주신 명령은 아니다.[128] "휴, 다행이지요."

재물이냐 하나님이냐

예수님은 부자 청년에게 "가서 네 소유를 팔아 가난한 자들에게 주라 그리하면 하늘에서 보화가 네게 있으리라 그리고 와서 나를 따르라"21절라고 명령하신다. 이 명령은 이 청년의 율법적 과신을 무너뜨리기 위한 전략으로 주어진 것이다. 청년은 하나님의 계명을 모두 지키고 있다고 믿고 있었다18~20절. 하지만 그는 이미 '재물의 노예'가 되어 있었다.[129]

> 그 청년은 재물이 많으므로 이 말씀을 듣고 근심하여 가니라 _마 19:22

이 청년은 영생을 얻는 것보다 재물을 소유하는 일에 더 집착

했다. 이 이야기에서 '영생'은 '생명'과 동의어이고[17절], '구원'과도 동의어로 쓰인다[25절]. 이 청년은 짧은 이 세상에서의 삶에서만 필요한 '재물' 때문에, 영원한 세상에서 매우 중요한 '영생과 생명과 구원'을 놓치고 있다. "무엇이 중헌디??"

이미 예수께서 말씀하신 대로 하나님과 재물은 겸하여 섬길 수 없다.

> 한 사람이 두 주인을 섬기지 못할 것이니 혹 이를 미워하고 저를 사랑하거나 혹 이를 중히 여기고 저를 경히 여김이라 너희가 하나님과 재물을 겸하여 섬기지 못하느니라 _마태복음 6:24

하나님을 섬긴다고 하면서 여전히 많은 재물에 묶여 있는 것은 실제로는 하나님에 대한 믿음이 없다는 것을 의미한다.[130] '재물에 묶인 사람'은 '하나님과는 풀려진 사람', 즉 '하나님과 무관한 사람'이다.

하늘 통장

가난한 자들에게 주는 것, 즉 이웃을 돕는 구제는 하늘에 보화를 쌓아두는 것이다. 예수님은 이전에 "오직 너희를 위하여 보물을 하늘에 쌓아두라 … 네 보물이 있는 그곳에 네 마음이 있느니라"[마 6:20~21]고 말씀하신 적이 있다. 유대교에서는 사람은 하늘에 통장을 가지고 있으며, 그 통장의 잔고가 최후 심판 때에 그에게 지불될 것이라고 가르쳤다. 하늘의 통장에 많이 저축해 잔고가 많은 사람이 결국 더 많이 받게 된다는 것이다.[131]

세상에 둔 마음과 하늘에 둔 마음

보물이 있는 곳에 마음이 있다. 여기서 마음은 인간의 중심으로 인간 전체를 의미한다. 즉 이 말씀은 마음이 땅이 아니라, 하늘에 매여 있어야 함을 말한다. 여기서 땅은 부동산을 의미하는 것이 아니라, 하늘의 반대 개념으로 사람이 사는 세상이다. 사람의 마음이 세상재물에 매여 있으면 그것은 우상 숭배이다. 세상에 재물을 쌓는 행위는 우상 숭배이고 영원한 생명을 죽이는 일이다.[132] 마음을 세상땅에 두고 사는 자와 마음을 하늘에 두고 사는 자가 대조된다.

돈에 매이면 천국도 구원도 없다

이어지는 예수님의 말씀은 충격적인 선언이다.

> 내가 진실로 이르노니 부자는 천국에 들어가기가 어려우니라. 다시 너희에게 말하노니 낙타가 바늘귀로 들어가는 것이 부자가 하나님의 나라에 들어가는 것보다 쉬우니라 _마태복음 19:23~24

이 말씀은 당시의 보편적인 사고에 대한 전면적인 부정이다.

당시에 부자는 하나님의 축복을 받은 것이요, 가난한 사람은 하나님의 저주를 받은 것으로 생각했다. 따라서 부자와 가난한 사람 가운데 하나님 나라에 들어가기 쉬운 사람은 당연히 부자라고 생각했다. 그러나 예수께서는 이러한 생각을 완전히 뒤집어엎고 있다.

여기서 낙타는 당시의 팔레스타인에서 볼 수 있는 가장 큰 동물이었고, 바늘귀는 당시에 볼 수 있는 가장 작은 구멍이었다.[133] 이 표현은 일종의 과장법이지만, 본래의 의미는 분명하다. 부자가 하나님의 나라에 들어갈 일은 전혀 없을 것이라는 단언이다.

제자들이 충격 속에서 질문한다. 부자도 구원을 얻을 수 없다면, 이 세상에서 구원받을 사람이 누가 있겠느냐 하는 것이다 25절. 예수님은 말씀하신다.

> 사람으로는 할 수 없으나 하나님으로서는 다 하실 수 있느니라
>
> _마태복음 19:26

구원은 인간의 공로로 얻을 수 있는 것이 아니다. 전적으로 하나님의 은혜라는 것이다. 구원은 재물로 얻는 것이 아니다. 하나님으로부터 받는 것이다. 온전한 헌신을 막는 것이 우상이다. 재물에 매이면 재물이 우상이 되어 하나님 나라에 들어갈 수 없다.

재물에 매이면 재물이 우상이 되어 영생을 얻을 수 없다.
재물에 매이면 재물이 우상이 되어 생명도 얻을 수 없다.

재물에 매이면 재물이 우상이 되어 구원도 얻을 수 없다.

구원은 하나님의 절대주권에 달린 무상의 은혜이다.

"돈으로도 못가요, 하나님 나라, 믿음으로 가는 나라 하나님 나라."

질문 1 당시 부자는 왜 구원이 불가능한가?

예수 당시의 부조리한 사회 안에서 부자가 된다는 것은 하나님의 축복의 결과라기보다는 죄의 결과였기 때문이다. 부의 죄성은 두 가지로 나누어 볼 수 있다. 1) '부를 조성하는 과정에서의 죄성'이다. 당시의 사회상으로 볼 때, 부당한 수단을 쓰지 않고는 부자가 될 수 없었다. 2) '부를 사용하는 데 있어서의 죄성'이다. 그 사람이 부자라는 것은 자신의 부를 자기 자신만을 위해서 사용하고 있다는 뜻이다. 다른 사람은 안중에도 없다는 뜻이다. 이 땅에서 죄의 대가로 호의호식한 사람이 하나님 나라에 들어간다는 것은 말도 되지 않는다는 것이다.[134]

질문 2 예수의 제자 가운데 부자는 없었는가?

소수의 비교적 부유한 사람들이 예수를 따랐다. 예를 들면, 아리마대 요셉, 나사로, 삭개오, 그리고 아마도 마태도 부유했을 것이다. 예수께서 그들의 환대를 기쁘게 받아들이셨던 것은 명백한 것 같다.

헤롯의 청지기 구사의 아내 요안나와 수산나와 다른 여자가 함께 하여 자기들의 소유로 그들을 섬기더라 _누가복음 8:3

이들은 예수의 하나님 나라 운동의 일종의 보급부대이다. 이들은 '재물을 가지고 있으되 마치 없는 것처럼 살 수 있는 사람들'이라고 할 수 있을 것이다.[135] 초대교회가 유지되는데 이러한 사람들의 헌신과 노력이 아주 큰 역할을 했다.

부요하신 하나님
우리가 재물과 하나님을 겸하여 섬기지 않게 하시고,
우리에게 있는 재물을 선용하는 믿음을 허락하소서.

21

예수님의 제자였던 가룟 유다는 어떤 인물이었기에 예수님을 배반했던 것인가요?

우리가 몰랐던 가룟 유다: 예수 제자인가 돈 제자인가?(마 26:14~16)

억울한 유다?: 배반의 신비

"만약에 유다가 예수를 배신하게 될 자신의 운명을 거부했다면, 십자가도 없고, 구원도 성취되지 않았을 것이다. 유다는 어쩔 수 없이 자기에게 주어진 역할을 감당했다. 그러므로 유다는 악의 화신이 아니라 부정적으로 그리스도를 따른 제자다. 유다는 누군가는 해야 할 일을, 이로 인하여 쏟아질 비판과 질시를 감수하고서 하나님의 뜻에 순종했다. 유다는 '배반의 신비'를 성취했다."[136] 그렇다면 예수를 판 자라는 유다에 대한 일반적인 평가는 잘못된 것일까? 유다는 억울한가? 과연 그럴까?

예수를 의도적으로 팔아넘긴 자

마태복음의 기록에 따르면, 유다는 대제사장을 '직접 찾아가서' 돈을 요구하며 예수를 팔아넘긴다.

> [14] 그 때에 열둘 중의 하나인 가룟 유다라 하는 자가 대제사장들에게
> 가서 말하되 [15] 내가 예수를 너희에게 넘겨주리니 얼마나 주려느냐
> 하니 그들이 은 삼십을 달아 주거늘 [16] 그가 그 때부터 예수를 넘겨
> 줄 기회를 찾더라 _마태복음 26:14~16

요한복음은 선한 척하며 물질을 챙기는 유다가 사실은 '물질 도둑'이었다고 폭로하고 단언한다.

> [5] 이 향유를 어찌하여 삼백 데나리온에 팔아 가난한 자들에게 주지
> 아니하였느냐 하니 [6] 이렇게 말함은 가난한 자들을 생각함이 아니요
> 그는 도둑이라 돈궤를 맡고 거기 넣는 것을 훔쳐 감이러라
> _요한보음 12:5~6

유다는 제자단들의 생활비를 책임진 중책을 맡은 사람이었다. 그러나 그는 그 공금을 몰래 사용하고 빼돌리는 사람이기도 하였다.

예수를 '주'가 아니고 '선생'으로만 대하다

제자 중 한 사람이 자신을 팔 것이라는 예수님의 말씀에 제자들은 화들짝 놀라 순서대로 돌아가면서 모두 묻는다. "주님, 저는 아니지요"마 26:22. 그런데 가룟 유다가 예수님을 부르는 호칭은 다르다. "랍비여, 나는 아니지요"마 26:25. 이후 유다는 무리를 이끌고 와서 입을 맞추며 말한다. "랍비여, 안녕하시옵니까"마 26:49.

여기서 유다는 일관되게 예수님을 '랍비', 곧 선생으로 부른다. 반면에 다른 제자들은 '주님'퀴리오스이라 부른다. 마태복음에서 예수를 랍비라고 부르는 자는 모두 적대자들이다. 예를 들면, 이들은 예수님이 세리와 죄인들과 식사하는 것을 비난하는 바리새인들마 9:11, 표적을 구하는 서기관들마 12:38, 세금에 대해 문제를 제기하는 이들마 17:24, 예수를 함정에 빠뜨리려는 바리새인과 헤롯 당원들마 22:16, 부활을 믿지 않는 사두개인들마 22:24, 예수를 시험하는 율법사마 22:36 등이다.[137] 이들은 하나같이 예수님을 선생이라 부른다. 유다도 이들과 같이 예수님을 주님이 아니라, 선생이라 부른다.

다른 제자들이 앞서 열한 번에 걸쳐서 "주여, 나입니까?"라고 질문을 했는데, 유다만 홀로 "랍비여, 나입니까?"했다는 사실은 유다의 영적인 현주소를 적나라하게 폭로한다. 마태복음에서 제자들은 한 번도 예수님을 랍비로 부르지 않았고, 항상 주님이란 칭호를 사용했다.[138]

유다는 비록 열두 제자 중의 하나였고, 그 가운데서도 비중 있는 재정을 담당하는 자였지만, 처음부터 한 번도 참 제자는 아니었음을 알 수 있다. 마태는 이러한 방식으로 예수님을 배반하는 유다는 결코 주님의 진정한 제자가 아니었음을 밝히고 있다.

예수는 선생일 뿐이고 돈이 주인인 삶

그렇다면 유다의 배반 동기는 무엇일까? 이에 대하여는 누구도 분명한 답을 줄 수는 없다. 아마도 물질적인 탐욕이 유일한 동기는 아니더라도, 일차적인 동기로 작용했을 것이다. 마태복음의 가르침 가운데 가장 중요한 것은 하나님과 맘몬을 겸하여 섬길 수 없다는 신앙이다.

> 한 사람이 두 **주인**퀴리오스을 섬기지 못할 것이니 혹 이를 미워하고 저를 사랑하거나 혹 이를 중히 여기고 저를 경히 여김이라 너희가 하나님과 재물을 겸하여 섬기지 못하느니라 _마태복음 6:24

마태복음은 신앙에서 주님의 주되심, 곧 주권Lordship의 문제를 가장 중요하게 여긴다. 그리스도를 따르는 자는 먼저 "그의 나라와 그의 의를 구할 것을 요청받는다"마 6:33. 예수님을 믿는 자들은 들풀도 입히시는 하나님이 모든 것을 채우실 것을 믿고, 그분만을 의지해야 하며, 염려하지 말아야 한다. 그럼에도 돈 걱정으로 돈을 하나님보다 앞세우는 것은 두 주인을 섬기는 것이다. 이는 어리석은 행동이다.

누가 주님주인인가?: 예수 혹은 물질

유다는 예수님을 주님으로 섬긴 것이 아니다. 예수님의 제자들은 예수님을 주님퀴리오스으로 섬겼다. 그러나 유다는 예수님을 선생으로만 따랐지, 주님주인으로는 인정하지 않는다. 그에게 예수님은 선생에 불과하다. 유다는 '예수의 주권'보다는 '돈의 주권'을 따르는 자이다. 유다에게 예수님은 좋은 선생이었지, 자신의 전 생애와 전 영역을 전적으로 통치하는 주님은 아니었다. 그랬기에 예수님 앞에서도 돈주머니를 꿰차고 앉아서, 자기 맘대로 몰래 공금을 꺼내 쓰고, 자신의 돈벌이만 생각하고 있었다.[130] 가룟 유다는 겉으로는 예수의 제자였지만, 속으로는 물질 제자, 즉 돈 제자였다.

돈이 중심인 자본주의 세상에서 살아가고 있는 우리에게 이런 모습이 전혀 없을까? 우리는 예수님을 '선생'으로 따르는가, '주님'으로 따르는가? 두 주인을 섬길 수는 없다. 예수가 주인이 아니면, 그 자리는 물질이 차지한다. 물질을 위하여 예수를 믿는 것이 아니라, 오직 예수만을 온전히 따르게 하소서!

질문 1 유다복음이라는 것도 있다던데?

유다복음은 그리스도교 신약성서의 외경 가운데 하나다. 그노시스파의 성서로 알려졌으며 가룟 유다가 예수 그리스도를 배반한 사실을 옹호하는 내용이 들어 있어 오랫동안 교단으로부터 이단서로 취급되었다. 2006년 4월 미국의 내셔널지오그래픽이 1970년대에 이집트에서 발견된 파피루스 책자를 콥트어 사본의 일부라고 발표함으로써 세간의 이목을 끌었다[네이버 지식백과] 유다복음 [The Gospel of Judas] 두산백과.

유다복음은 유다 한 사람을 위한 복음, 그의 행동을 올바른 것으로 정당화하기 위한 글이다. 유다복음은 사실 '유다 변명서'에 지나지 않는다.

'배반의 신비', 유다의 행동은 예수를 배반함으로 구원을 이루는, 인간의 이성으로는 끝내 파악하기 어려운 구원의 신비인가? "그리스도께서 유다에게 자비로운 마음으로 그 일을 끝내 달라고 간청했다." 유다는 영지주의적 관점에서 육체는 악함으로 배신을 통해서 영혼의 감옥으로부터 예수를 구원해준 것이다. 과연 그럴까? 결론적으로 신비가 있다면, 유다의 배반에 있는 것이 아니라, 그 배신행위를 선으로 활용하신 하나님의 은혜에 있다.[140]

질문 2 유다는 누군가는 맡아야 할 악역을 한 것은 아닌가?

"유다는, 연극으로 치자면 악역을 맡은 자에 불과한데, 그를 뻔뻔한 배신자의 전형으로 낙인찍는 것은 부당한 처사가 아닌가?" 전혀 그렇지 않다. 유다의 배신은 연기가 아니다. 공연이 아니다. 실연이다. 유다는 악역이 아니라 악인이다. 그의 배반이 연극 위의 연기가 아니라 현실이듯이, 유다는 '무대 위의 악역'이 아니라 '현실 속의 악인'이다. 행동doing은 존재being와 분리되지 않는다. 그렇기에 유다에게는 악역을 맡은 자의 슬픔은 없다. 유다에게는 '악역을 맡은 자의 슬픔'이 아니라, '악인의 때늦은 후회'가 적당한 말이다.[141]

내 삶에 주인이신 하나님,

주님이 아닌 돈을 섬기다가,

가룟 유다의 길로 들어가지 않도록

우리를 지켜주옵소서.

22

십자가에 매달렸던 두 강도는 태도가 완전 상반되는데, 이 둘을 어떻게 이해해야 할까요?

십자가의 두 강도: 조롱하는 다수의 사람과 고백하는 한 사람(눅 23:32~43)

예수님과 함께 피 흘리며 십자가에서 매달린 두 사람의 행악자가 있었다. 그런데 두 사람의 운명은 마지막 순간에 완전히 갈린다. 이 이야기는 네 개의 복음서에 다 언급된다. 그러나 누가복음에만 기록된 내용이 있다. 예수님과 함께 십자가에 달린 '두 행악자'의 발언이다.[142] 누가복음은 다른 복음서에는 없는 행악자의 발언을 생생하게 기록하고 있다.

십자가 처형

십자가 처형은 죄수를 고통스럽게 처형하는 한 방식이었다.

그것은 인류가 고안해 낸 그 어떤 범죄 억제책보다 더 잔혹하고 야만적이었다. 십자가형의 취지는 죽음의 고통을 최대로 연장해서 모든 사람이 이것을 보고 경고를 받도록 하는 것이었다.[143] 십자가 처형은 본래 페르시아에서 유래한 것인데, 로마가 노예와 반역자들을 처벌하기 위해 이것을 채택했다.[144] 십자가형은 기원전 6세기부터 기원후 337년콘스탄티누스가 이것을 금지한 해까지 로마제국의 일반적인 사형 방식이었다.[145] 예수님의 십자가 처형은 당시 최고의 고통과 최악의 수치스러운 죽음이었다.

십자가의 파라독스

누가의 본문눅 23:35~39에 의하면, 유대 사회의 세 부류 사람들이 모두 예수님을 조롱한다. 그러나 이들의 조롱에는 스스로 깨닫지 못하는 진리가 하나씩 담겨있다. '관리들'은 예수님을 '하나님이 택하신 자 그리스도'라고 말하고35절, '군인들'은 '유대인의 왕'이라 한다37절. '행악자 중 하나'는 '그리스도'라 한다39절.

이들이 조롱하며 말했던 예수님에 대한 모든 명칭은 실제로 예수님의 참모습이었다. 그러나 이들은 눈앞의 십자가에 가려서 그 참모습을 제대로 깨닫지 못했다. 이들은 '십자가의 파라독스'를 이해하지 못했기 때문에, 그들 자신이 하는 말이 진리임을 전혀 이해하지 못했다.[146] 기독교의 진리는 예수님의 십자가 사건에 기초한다. 십자가를 지는 곳에서 구원과 부활이 시작된다. 십자가를 거부하면 예수님의 제자가 될 수 없다.

조롱하는 행악자

군인들은 희롱하면서 예수님에게 신포도주를 준다36절. '신포도주'는 그리스 로마 시대에 노동자들과 군사들이 애용하던 '피로회복제'다. '로마 시대의 박카스'다. 그들은 이런 신포도주를 예수님께 마시게 하여 생명을 연장해서 더 많은 조롱과 고통을 주려 한 것이다. 시편 69편 21~22절에도 식초를 먹이는 것이 적대적인 행동임을 암시하는 내용이 나온다.[147]

> 21 그들이 쓸개를 나의 음식물로 주며
> 목마를 때에는 초를 마시게 하였사오니
> 22 그들의 밥상이 올무가 되게 하시며
> 그들의 평안이 덫이 되게 하소서 _시편 69:21~22

이에 비해 한 행악자는 예수님을 노골적으로 비방한다. 여기서 '비방하다'라는 단어는 예수님이 체포되신 후 "지키는 사람들이 예수를 희롱하고 때리며 … 많은 말로 욕하더라"눅 22:63~65에서 나오는 '욕하더라'와 같은 단어다. 이 행악자는 지금 예수님을 박해하는 자들과 같은 짓을 하는 것이다.[148]

회개하는 또 다른 행악자

그런데 예수님을 비방하는 행악자와는 전혀 다른 또 다른 행악자가 있었다. 그는 첫 번째 행악자가 하나님의 심판을 두려워하지 않는다고 오히려 꾸짖는다"네가 동일한 정죄를 받고서도 하나님을 두려워하지 아니하느냐," 눅 23:40. 이 행악자는 죽음 이후 하나님의 심판을 대비하고 두려워하고 있다.

누가복음 23장 41절"우리는 우리가 행한 일에 상당한 보응을 받는 것이니 이에 당연하거니와 이 사람이 행한 것은 옳지 않은 것이 없느니라"에 의하면, 이 행악자는 자신이 받는 벌을 합당한 것으로 받아들인다. 이는 자신의 죄를 인정하는 회개의 첫걸음이라 할 수 있다.[149] 동시에 예수님의 무죄를 강조하고 있다. 폭력을 전혀 사용하지 않고도 십자가형을 당하는 예수님과 폭력을 사용한 자신들을 대조한 표현이다.

누가복음 23장 42절에서 이 행악자는 "당신의 나라에 임하실 때에 나를 기억하소서"라고 소원을 말한다. 이 사람은 예수님의 왕권을 받아들였고, 이 왕권이 죽음을 초월하는 왕권임을 믿었다.[150] 이 행악자는 죽음에서 구출 받을 희망은 없지만, 적어도 죽음 뒤에 주어질 수 있는 구원의 가능성을 인정한다. 그는 예수님께 왕이 될 때 자비를 베풀어 달라고 요청한다. 그런데 자기가 요구한 것 이상을 받게 된다. 그는 세계의 마지막에 하나님 나라에 들어간다고 생각하지만, 예수님은 그에게 지금 여기서 구원이 약속되었음을 말한다.

제1호 천국 시민이 되는 회개하는 행악자

누가복음 23장 43절에서 예수님은 행악자에게 "내가 진실로 네게 이르노니 오늘 네가 나와 함께 낙원에 있으리라"라고 약속하신다. '낙원'paradise은 '아름다운 동산'을 뜻하는 페르시아어로 죽은 자들이 부활할 때까지 돌봄을 받고 새로운 힘을 얻는 장소를 나타내는 말이다. 예수님도 부활하기 전 머물렀다.[151] 즉 의롭게 죽은 사람들의 영혼이 잠정적으로 안식을 취하는 장소다.[152]

바로 그날 행악자에게 예수님과 함께 낙원에 있게 되는 확실성이 제시된다. 그와 함께 예수님의 왕적 능력이 작용한다.[153] 예수님은 비록 아직 자신의 왕적인 통치를 이루고 있지는 못하지만, 이 행악자에게 왕으로서의 사면권을 행사하신다.[154]

고통의 숨을 몰아쉬며 죽어 가던 행악자는 소망을 부여잡고 마지막 순간에 예수님을 의지했다. 결국, 이 행악자는 십자가의 공로로 천국에 들어간 성도 중에 '제1호 천국 시민'이 되는 영광을 얻었다. 빌리 그래함 목사는 이를 가리켜 '단박 구원'이라고도 한다.[155] 이는 그 어떤 죄인도 온전히 회개하고 주님을 의지하면 용서받고 하나님 나라 백성이 될 수 있다는 복음의 핵심을 명확히 보여준다.[156]

탁월한 신앙인 행악자

사실 이 행악자는 신약성경에서 가장 뛰어나고 탁월한 신앙을 보여준 인물 중 하나다. 삭개오처럼 예수님을 진실로 믿어 열매가 바로 나타난 예수님의 제자다. 첫째, 그는 십자가의 고통 속에서도 자신이 죽어 마땅한 자임을 인정한다. 자신의 죄를 인정하고 형벌을 마땅한 것으로 받아들였다. 둘째, 그는 다른 정치범무장 혁명 게릴라을 꾸짖으며 하나님을 두려워하라고 말한다. 그는 진정 하나님을 두려워하는 자였다. 셋째, 십자가의 고통 속에서도 동료에게 죄를 인정하라고 촉구하면서, 예수님이 죄 없이 십자가에 매달렸다는 사실을 전한다. 그는 죽으면서도 전도하는 진짜 위대한 신앙의 소유자였다. 이 행악자는 자신이 죄인임을 인정하고, 하나님을 두려워하고, 예수 복음을 전하는 자였다.

예수님다운 최후

자신이 죽어가고 있던 시간에도 예수님은 그의 사역인 "인자가 온 것은 잃어버린 자를 찾아 구원하려 함"눅 19:10을 계속하고 계셨다.[158] 예수님은 죄인을 위해 오신 분이며, 죄인들과 함께 사셨던 분이기에 죽는 순간에도 십자가에서 죄인들과 함께하신 것은 예수님다운 일이다. 더구나 죄인을 구원하기 위해 오신 분이기에 죽는 순간에도 회개하는 죄인 하나를 구원하신 것은 더욱 예수님다운 일이 아닐 수 없다.[159] 우리의 최후도 또 한 사람을 구원으로 이끄는 삶이 되면 얼마나 멋있을까?

이 단락은 조롱하는 세 명의 사람들과 고백하는 한 사람을 대조하고 있다. 자기들이 하는 일을 알지 못하고 있는 다수의 사람과 자신의 죄를 인정하면서 예수를 주라 고백하는 한 사람이 대조를 이루고 있다. 오늘의 우리에게도 이러한 두 부류의 사람들이 있다. 오늘의 본문은 회개하는 행악자와 같은 사람이

될 것을 가르치고 있다.[160]

하나님,

우리는 구원의 길을 걸어가고 있지만 여전히 죄인입니다.

그래서 하나님을 두려워합니다.

그러나 우리의 마지막 호흡까지 예수 복음을 전하는 자들이 되게 하소서.

23

예수님의 열두 제자는 모두 순교했다는데, 그들은 어떤 죽음을 맞았나요?

열두 제자의 죽음: 세상이 감당하지 못하는 삶(히 11:38)

열두 제자의 순교

예수님의 열두 제자의 죽음은 대부분 성경에 기록되어 있지 않다. 열두 제자 가운데 단 두 명의 죽음만 성경에 기록되어 있다. **가룟 유다**와 **세베대의 아들 야고보**다. 예수님을 배신한 가룟 유다는 스스로 목을 매어 자살했다.

> 유다가 은을 성소에 던져 넣고 물러가서 스스로 목매어 죽은지라
>
> _마태복음 27:5

16 형제들아 성령이 다윗의 입을 통하여 예수 잡는 자들의 길잡이가
된 유다를 가리켜 미리 말씀하신 성경이 응하였으니 마땅하도다
17 이 사람은 본래 우리 수 가운데 참여하여 이 직무의 한 부분을 맡
았던 자라 18 (이 사람이 불의의 삯으로 밭을 사고 후에 몸이 곤두박
질하여 배가 터져 창자가 다 흘러 나온지라 19 이 일이 예루살렘에
사는 모든 사람에게 알리어져 그들의 말로는 그 밭을 아겔다마라
하니 이는 피밭이라는 뜻이라) _사도행전 1:16~19

열두 제자 가운데 최초의 순교자인 요한의 형제 세베대의 아들 야고보[일명 '큰 야고보'; 예수님의 형제 야고보는 '작은 야고보'라고 한다, 막 15:40]가 헤롯왕에 의해 칼로 살해당했다[행 12:1~2].

나머지 제자들의 죽음에 대해서는 모두 후대의 추정이다.[160] 다음은 독일에서 나온 가장 권위 있는 종교학 사전에서 가져온 내용이다.

1) **안드레**는 X자 십자가형으로 순교했다. 2) **바돌로메**는 살아 있는 채로 피부가 벗겨지는 고문을 받고 순교했다. 3) 예수님의 형제 야고보[작은 야고보]는 돌에 맞아 순교했다[Josephus, Ant. 20.9].[162] 예외적으로 4) 세베대의 아들 **요한**은 독배로부터 기적적으로 보호되었다. 요한은 열두 제자 가운데 유일하게 천수를 다 누리고 자연사했다. 5) 야고보의 아들 **유다**[다대오]는 몽둥이로 맞아 죽었다. 6) **마태**는 에티오피아에서 아마도 손도끼나 무딘 도끼로 죽임을 당한 것으로 추정된다. 7) **맛디아**는 도끼로 참수를 당했다. 8) **베드로**는 [십자가에 거꾸로 못 박혀 순교 당했다]고 전해진다. 9) **빌**

립은 히에라폴리스현 터키의 파묵깔레에서 고문으로 [혹은 십자가형으로] 순교했다. 10) **셀롯인 시몬**은 [기둥에 거꾸로 매달려 톱으로 몸을 세로로 갈라 죽이는 형벌을 당하여] 순교했다고 전해진다. 11) **도마**는 인도에 복음 전하다 [창에 찔려] 순교했다.[163]

정리하면, 예수님의 제자들은 예수님이 최후를 맞이한 십자가와 같은 비참한 죽음으로 순교했다. 예수님의 제자들이 맞이한 죽음은 참혹했다. 도대체 무엇이 그들을 이러한 참혹한 죽음까지도 감당할 수 있는 사람으로 만들었을까?

예수의 부활 사건과 오순절 성령강림 사건

예수님의 부활하심과 오순절의 성령강림 사건이 제자들의 가치관과 삶을 완전히 뒤바꾸어 놓았다. 부활 이전 제자들의 모습은 무기력하게 십자가를 지시는 예수님과 같이 무기력했다. 베드로는 대제사장 가야바의 뜰에서 심문을 받으시는 예수님을 세 번이나 모른다고 부인했다.

> 이에 베드로가 예수의 말씀에 닭 울기 전에 네가 세 번 나를 부인하리라 하심이 생각나서 밖에 나가서 심히 통곡하니라 _마태복음 26:75

예수께서 마지막 한 방 없이 십자가에서 무기력하게 운명하자, 제자들은 본래의 일상으로 되돌아갔다. 그런데 이런 무기력한 제자들에게 예수님은 부활의 모습을 직접 보여주셨다. 그리고는 제자들에게 '부활의 증인'이 되도록 하셨다.

너희는 이 모든 일의 증인이라 _누가복음 24:48

항상 우리와 함께 다니던 사람 중에 하나를 세워 우리와 더불어 예수께서 부활하심을 증언할 사람이 되게 하여야 하리라 하거늘 _사도행전 1:22

그런데 '부활의 증인'이라는 새로운 사명을 부여받은 제자들은 여전히 적극적으로 행동하지는 못했다. 그러나 오순절 날 성령의 충만함을 받고 제자들은 변했다. 아주 담대해졌다. 이때 열한 사도와 함께 있었던 베드로가 대표로 말문을 연다. 이때 행한 베드로의 오순절 설교로 삼천 명이 회심하는 역사가 일어났다.

그 말을 받은 사람들은 세례를 받으매 이 날에 신도의 수가 삼천이나 더하더라 _사도행전 2:41

이제 겁쟁이 베드로는 권력자들의 경고와 협박에도 굴하지 않고 "우리는 보고 들은 것을 말하지 아니할 수 없다"행 4:20고 받아치며 주 예수의 부활을 당당하고 담대하게 증언한다.

사도들이 큰 권능으로 주 예수의 부활을 증언하니 무리가 큰 은혜를 받아 _사도행전 4:33

예수의 부활 사건과 성령 충만 사건이 비겁하고 무기력한 제자들의 삶을 완전히 바꾼 것이다.

부활 신앙: 예수의 주되심과 죽음 이후의 삶

부활 신앙은 어떤 의미가 있나? 예수님의 부활 사건은 예수님이 '주님'이시자 '메시아'되심을 보여준다.

> 그런즉 이스라엘 온 집은 확실히 알지니 너희가 십자가에 못 박은 이 예수를 하나님이 주와 그리스도가 되게 하셨느니라 하니라
>
> _사도행전 2:36

예수는 부활을 통해 하나님의 통치권을 위임받은 주님이 되셨다. 하나님의 전권으로 마지막 심판을 내리실 분이 되셨다.

> 일곱째 천사가 나팔을 불매 하늘에 큰 음성들이 나서 이르되 세상 나라가 우리 주와 그의 그리스도의 나라가 되어 그가 세세토록 왕 노릇 하시리로다 하니 _요한계시록 11:15

> 보라 내가 속히 오리니 내가 줄 상이 내게 있어 각 사람에게 그가 행한 대로 갚아 주리라 _요한계시록 22:12

또한 부활 사건은 인간의 죽음이 극복되는 획기적인 사건이

다. 죽음이 인생의 끝이 아니라 죽음 이후의 삶이 있다는 것이다. 죽은 자들이 부활한다는 사실을 역사적으로 최초로 보여주신 것이다. 이 땅에서의 삶이 전부가 아님을 입증한 것이다. 죽음 이후에는 부활이 있다. 의인들은 부활해 하나님의 새로운 세상에서 영생에 참여한다. 이를 '의인의 부활'이라 한다.

그리하면 그들이 갚을 것이 없으므로 네게 복이 되리니 이는 **의인들의 부활**시에 네가 갚음을 받겠음이라 하시더라 _누가복음 14:14

그런데 의인들만 부활하는 것이 아니다. 악인들도 부활한다.

곧 의인과 악인의 부활이 있으리라 _사도행전 24:15

의인의 부활은 영생으로 인도한다. 하지만 악인들의 부활은 궁극적인 심판에서 판결을 받기 위함이다. 악인들은 영원한 죽음이나 형벌을 받게 된다.

한번 죽은 것은 사람에게 정해진 것이요 그 후에는 심판이 있으리니 _히브리서 9:27

13 사망과 음부도 그 가운데에서 죽은 자들을 내주매 각 사람이 자기의 행위대로 심판을 받고 14 사망과 음부도 불못에 던져지니 이것은 둘째 사망 곧 불못이라 15 누구든지 생명책에 기록되지 못한 자는 불

세상이 감당하지 못하는 사람

히브리서 11장은 유명한 믿음장이다. “믿음은 바라는 것들의 실상이요 보이지 않는 것들의 증거니”로 시작한다. 믿음은 현재는 보이지 않지만 ‘실체로 주어지리라는 것에 대한 확신’이다.[164] 보이는 것보다 보이지 않는 것을 우선적으로 보고 사는 것이 믿음이라는 것이다. 이러한 믿음으로 산 사람으로 아벨, 에녹, 노아, 아브라함, 이삭, 야곱, 요셉, 라합 등 많은 믿음의 용사들이 언급된다. 이어서 기드온, 바락, 삼손, 입다, 다윗 및 사무엘과 선지자들을 소개한다. 믿음으로 산 사람들은 “조롱과 채찍질뿐 아니라 결박과 옥에 갇히는 시련도 받았으며, 돌로 치는 것과 톱으로 켜는 것과 시험과 칼로 죽임을 당하고, 양과 염소의 가죽을 입고, 유리하여 궁핍과 환난과 학대를 받았다”히 11:36~37.

히브리서 저자는 “이런 사람은 세상이 감당하지 못하느니라”히 11:38라고 평가한다. 이들은 세상의 가르침과 기준으로는 이해되지 않는다. 다른 말로 하면, 하나님의 사람들은 세상의 가르침과 기준에만 따라 살지 않는다. 이 땅에서의 삶이 전부가 아님을 알기 때문이다. 그래서 ‘하늘에 있는 더 나은 본향’히 11:16과 ‘죽음 이후의 부활’히 11:19, 35을 늘 주목하며 산다. 이런 삶을 살았기에 열두 제자들은 이 땅에서의 순교를 감당할 수 있었다. 예수님의 제자들은 세상이 감당하지 못하는 사람들이다.

영원하신 하나님,
결국 썩어서 없어질 세상의 것에서 눈을 돌려,
'영원한 하나님의 나라',
'하늘에 있는 더 나은 본향',
'죽음 이후의 부활'에 초점을 맞추어 살게 하소서.

24

신약 최초의 순교자인 스데반, 그는 어떤 사람이었나요?

우리가 몰랐던 스데반: 바울을 낳고, 그리스도를 본받아 순교한 스데반(행 7:54~60).

스데반 안수집사? 사도급 전도자

사도행전 6장 5절에 나오는 일곱 사람 스데반, 빌립, 브로고로, 니가노르, 디몬, 바메나, 니골라이 목회 서신에 나오는 '안수 집사' 빌 1:1; 딤전 3:8인지는 분명하지 않다. 그들이 어느 정도 안수 집사의 '재정 담당' 역할을 감당한 것은 사실이다. 그러나 이들에게 '안수 집사'란 명칭이 붙여지진 않았다.[165] 아마도 스데반을 '안수 집사'로 부르는 것은 사도행전 21장 8절에서 비롯된 것으로 보인다.[166]

이튿날 떠나 가이사랴에 이르러 **일곱 집사**[헬라어 성경에는 '집사'라는 말은 없

람 중 하나인 전도자 빌립의 집에 들어가서 머무르니라 _사도행전 21:8

빌립은 일곱 중 하나인 전도자로 소개된다. 일곱 사람은 '봉사자'diakonos로 선출된 것이다.

[1] 그 때에 제자가 더 많아졌는데 헬라파 유대인들이 자기의 과부들이 매일의 구제에 빠지므로 히브리파 사람을 원망하니 [2] 열두 사도가 모든 제자를 불러 이르되 우리가 하나님의 말씀을 제쳐 놓고 접대를 일삼는 것이 마땅하지 아니하니 [3] 형제들아 너희 가운데서 성령과 지혜가 충만하여 칭찬 받는 사람 일곱을 택하라 우리가 이 일을 그들에게 맡기고 _사도행전 6:1~3

'복음 선포를 위한 봉사'는 사도들이 맡고, '식탁 봉사'를 위해서는 일곱 봉사자가 맡았다.

스데반은 집사가 아니었다. 교회의 봉사자사회 복지사였다. 그런데 사도행전 6장 8절의 "스데반이 은혜와 권능이 충만하여 큰 기사와 표적을 민간에 행하니"에서 기사와 표적은 사도들의 사역에서 나타나는 현상이다.

사람마다 두려워하는데 **사도들로 말미암아 기사와 표적**이 많이 나타나니 _사도행전 2:43

사도들의 손을 통하여 민간에 **표적과 기사**가 많이 일어나매 믿는

사람이 다 마음을 같이하여 솔로몬 행각에 모이고 _사도행전 5:12

스데반은 빌립과 더불어 '사도급 일꾼전도자'이었던 것으로 보인다.

스데반의 연설

사도행전 7장에 소개된 스데반의 연설 혹은 설교는 사도행전에 나오는 24개의 설교베드로 설교 9개, 바울 설교 9개 등 가운데 '가장 긴 설교'이면서 '가장 중요한 설교' 가운데 하나다. 베드로가 '히브리파 유대인 기독교의 대표적 지도자'였고, 바울이 '이방인 기독교의 대표적 지도자'라면, 스데반은 '헬라파 유대인 기독교의 대표적 지도자'였다.[167] 스데반의 연설은 베드로와 바울에게서 들을 수 없는 새로운 메시지를 던져 주고 있다.

스데반이 지혜와 성령으로 말함으로 누구도 그를 당하지 못했다.

스데반이 지혜와 성령으로 말함을 그들이 능히 당하지 못하여 _사도행전 6:10

그러자 적대자들은 사람을 매수해 거짓 증인들을 전면에 세웠다. 거짓 증인들은 '성전모독'과 '율법모독' 죄로 스데반을 고발한다. 스데반은 최고위 사법기관인 산헤드린 공회에 잡혀 왔고, 심문을 당한다. 이들은 스데반이 예수님이 성전을 헐고, 율법에 도전한 일을 전했다고 고발한다.

> 그의 말에 이 나사렛 예수가 이 곳을 헐고 또 모세가 우리에게 전하여 준 규례를 고치겠다 함을 우리가 들었노라 하거늘 _사도행전 6:14

스데반의 연설은 이러한 피고로서의 심문 과정에서 나온 것이다.

매우 긴 연설의 요지는, 당시 유대인들은 아브라함의 자손이지만, 아브라함처럼 하나님께 순종하지 않았다는 것이다. 유대인들은 모세의 후손이지만, 모세가 천사의 손을 통해 건네받은 율법을 지키지 않았다는 것이다. 유대인들은 조상들이 선지자들을 박해한 것 같이 의인을 잡아서 죽였다는 것이다행 7:51~52. 스데반은 당시 유대인들에게 "너희들은 의인 예수님을 처형했다"눅 23:47; 행 3:14라고 말한다. 자신들의 죄악을 대놓고 지적하자 당시 유대인들은 마음에 찔려서 격분하고 이를 갈았다. 그들은 손에 돌을 들기 시작했다.

사도 바울의 선구자, 예수와 바울의 중재자

돌에 맞으면서도 사람들의 용서를 구하는 스데반의 기도는 이 사건의 배후에 있던 '사울을 위한 기도'이기도 하다. 사도행전 7장 56절의 '증인들의 옷을 벗어 사울이라 하는 청년의 발 앞에 두니라'에서 처음으로 사도 바울이 유대식 이름인 사울로 언급되어 등장한다. 스데반의 처형 사건에 바울은 '동조자'였다.

> 사울은 그가 죽임 당함을 마땅히 여기더라 _사도행전 8:1

> 또 주의 증인 스데반이 피를 흘릴 때에 내가 곁에 서서 찬성하고 그 죽이는 사람들의 옷을 지킨 줄 그들도 아나이다 _사도행전 22:20

이 사건 이후 바울은 기독교의 박해자로 본격적으로 나선다.

> 사울이 교회를 잔멸할새 각 집에 들어가 남녀를 끌어다가 옥에 넘기니라 _사도행전 8:3

아무튼 사도행전의 영웅인 사도 바울의 등장이 스데반의 순교하는 순간이라는 사실이 놀랍다.[168]

이후 하나님은 스데반의 기도를 응답하셔서 사울을 용서하셨을 뿐 아니라 그를 위대한 복음의 일꾼으로 변화시키셨다. 사울은 스데반의 자리를 대신하는 자로 세움을 받아 고난 받는 증인의 사역을 감당한다. 예수님에게 붙들린 이후 사울은 '제2의 스데반'으로 사도행전에 묘사된다.

> 첫째, 바울은 스데반과 같이 **환상 가운데 주 예수님을 보았다** _사도행전 7:56; 9:5~6
>
> 둘째, 바울은 스데반과 같이 **헬라파 유대인들과 논쟁했다**

_사도행전 6:9~10; 9:29

셋째, 바울은 스데반과 같이 헬라파 유대인들에 의해 체포되고 **산헤드린 법정에서 심문을 받았다** _사도행전 6:12~13; 21:28

넷째, 바울은 스데반과 같이 **성전과 모세를 거스르는 말을 했다고 고소를 당했다** _사도행전 6:13; 21:21, 27~28[169]

스데반의 순교와 마지막 기도는 박해자 사울을 예수님의 증인인 바울로 세우고 모든 면에서 그를 능가하는 새로운 스데반을 잉태한 것이다. 그래서 스데반은 '사도 바울의 선구자'M. Hengel라고 불린다. 스데반은 예수와 바울 사이에서 교량 역할을 했다.[170] 스데반은 예수님의 복음이 '히브리파 유대인'에게서 시작하여베드로, '헬라파 유대인'을 거치고스데반, '이방인'에게까지 확장되는데바울 중요한 교량역할을 한 것이다. 다른 말로 하면 스데반이 없었더라면 사도 바울도 없었을 것이다. 스데반의 중재로 예수와 바울의 극적인 만남이 가능했던 것이다행 9:1~19; 22:6~16; 26:12~18.

'그리스도를 본받아' 순교한 스데반

스데반은 설교를 마치고 생명이 위험한 순간 눈을 들어 하늘을 향한다. 여기서 놀라운 것은 하나님의 영광과 그의 우편에 서신 예수님의 모습이 연결된 것이다. 사도들은 예수님이 하나님 우편에 올라 하늘의 통치자가 되셨다고 지금까지 주장해 왔다.

그런즉 이스라엘 온 집은 확실히 알지니 너희가 십자가에 못 박은 이 예수를 하나님이 주와 그리스도가 되게 하셨느니라 하니라
_사도행전 2:36

이스라엘에게 회개함과 죄 사함을 주시려고 그를 오른손으로 높이사 임금과 구주로 삼으셨느니라 _사도행전 5:31

하지만 이 진리를 구체적으로 본 것은 스데반이 처음이다.[171] 그들이 죽인 예수님이 하나님의 우편에 서 계신다는 것은 유대인들에게는 충격이었다. 그들은 하나님의 아들 메시아를 죽인 것이 된다.

그러자 무리는 스데반을 성 밖으로 끌고 간다. 그들이 돌로 치기 시작할 때 스데반은 자신의 영혼을 예수님에게 의탁하며 기도했다.

주 예수여 내 영혼을 받으시옵소서 _사도행전 7:59

스데반의 '영혼 위탁 기도'는 자신의 영혼을 아버지에게 부탁한 예수님의 마지막 모습과 유사하다.

예수께서 큰 소리로 불러 이르시되 아버지 내 영혼을 아버지 손에 부탁하나이다 하고 이 말씀을 하신 후 숨지시니라 _누가복음 23:46

또한, 스데반은 무릎을 꿇고 큰 소리로 기도했다.

주여 이 죄를 그들에게 돌리지 마옵소서 _사도행전 7:60

스데반의 용서 기도도 십자가에 달린 예수님이 용서를 위해 기도하신 것을 본받은 것이다.

이에 예수께서 이르시되 아버지 저들을 사하여 주옵소서 자기들이 하는 것을 알지 못함이니이다 하시더라 그들이 그의 옷을 나눠 제비 뽑을새 _누가복음 23:34

스데반의 연설은 예수의 정신을 그대로 반영한 연설이었다. 스데반은 연설에서만 예수를 따른 사람이 아니다. 그는 마지막 죽음의 순간에서도 예수님의 모습과 정신을 그대로 따른다. 스데반은 그리스도를 본받아 살다가, 그리스도를 본받아 순교한다. 스데반은 사나 죽으나 오직 그리스도만을 바라보고 의식한다. 그래서 예수님은 초대 교회 최초의 순교자를 맞이하기 위해 하늘 보좌에서 일어나신다.[172]

말하되 보라 하늘이 열리고 인자가 하나님 우편에 서신 것을 보노라 한대 _사도행전 7:56

스데반 본인은 의식하지 못했을지 몰라도 스데반의 순교는 바울을 낳는 해산의 고통이었고, 죽기 전 하늘 보좌에 서 계신 예수님을 목도했다. 이 땅을 살면서 자녀나 후배들이 나보다 훌륭한 새로운 생명을 낳고, 예수님께 인정받는 삶을 살기를 바란다.

우리가 예수님처럼 살기를 원하시는 하나님,

스데반처럼 우리도 예수님이 서서 맞이해주는

그리스도를 닮은 삶을 살게 하소서.

Part 5

이웃과 함께

25

사람마다 각자 생각하는 본질이 다른데, 진정한 본질은 무엇일까요?

현상과 본질: 조율의 삶(창 3:9; 4:9)

우리가 신앙으로 산다고 하면서도 세상에서 나타나는 현상이나 트렌드에 쉽게 휩쓸릴 때가 많다. 현상과 본질이 엄연히 다름에도 불구하고, 한순간 본질을 놓치고 현상에 매몰될 때가 적지 않다. 그렇다면 그리스도인이 집중해야 할 본질은 무엇일까?

그 답을 성경에서 찾아보자. 창세기 1~11장을 원역사라고 한다. 이 부분은 이스라엘 민족만의 역사가 아니다. 인류의 역사다. 이 원역사에서 하나님은 인류에게 딱 두 번 질문하셨다.

아담아, 네가 어디 있느냐? _창세기 3:9

네 아우 아벨이 어디 있느냐? _창세기 4:9

첫 번째 질문은 하나님께 불순종한 이후, 하나님의 얼굴을 피해 다니던 인류 최초의 사람 아담에게 하신 질문이다. 이는 아담과 하나님의 관계를 묻는 질문이다. 인간과 하나님의 관계를 다루기 때문에 '신학적 질문'이라고도 한다. 두 번째 질문은 가인이 친동생 아벨을 들판에서 죽인 이후, 하나님이 인류 최초의 살인자 가인에게 하신 질문이다. 이는 가인과 동생과의 관계를 묻는 질문이다. 이웃과의 관계를 다루기 때문에 '사회학적 질문'이라고도 한다.

이 두 가지 질문은 예수님의 가르침에도 반복된다.

> [37] 예수께서 이르시되 네 마음을 다하고 목숨을 다하고 뜻을 다하여
> **주 너의 하나님을 사랑하라** 하셨으니 [38] 이것이 크고 첫째 되는 계
> 명이요 [39] 둘째도 그와 같으니 네 이웃을 **네 자신 같이 사랑하라** 하
> 셨으니 [40] 이 두 계명이 온 율법과 선지자의 강령이니라
>
> _마태복음 22:37~40

예수님은 온 율법과 선지자의 가르침을 두 가지로 집약해주셨다. 하나님 사랑과 이웃 사랑이다. 이를 일컬어 '사랑의 이중 계명'이라고 한다. 구약과 신약의 모든 가르침을 한마디로 요약하면 하나님 사랑과 이웃 사랑이라고 할 수 있다. 최근에 스캇 맥나이트라는 유명한 신약학자는 이를 가리켜 '예수신경'Jesus Creed이라고 말한다.[173]

유대교인들은 구약의 가르침의 핵심을 쉐마에서 따온다.

> 4 이스라엘아 들으라 우리 하나님 여호와는 오직 유일한 여호와이
> 시니 5 너는 마음을 다하고 뜻을 다하고 힘을 다하여 네 하나님 여호
> 와를 사랑하라 _신명기 6:4~5

그래서 유대교인은 쉐마에 나오는 하나님 사랑을 최고의 계명으로 여긴다. 그런데 예수님은 사랑의 이중 계명을 말씀하실 때, "둘째도 그와 같으니"라고 언급하면서 이웃 사랑과 하나님 사랑을 동급으로 간주하신다. 여기서 유대교와 기독교가 갈린다. 유대교는 하나님 사랑에만 집중하는 반면, 기독교는 하나님 사랑과 이웃 사랑을 동급으로 취급하고, 이 두 가지를 모두 강조한다.

"아담아 네가 어디 있느냐"라는 질문과 "네 아우 아벨이 어디 있느냐?"는 질문은 모든 인류에게 주신 질문이다. 이 두 가지 질문은 오늘에도 여전히 유효하다. 그리스도인의 삶은 이 두 가지 질문에 대해 매일 매일 답을 채워가는 삶을 사는 것이다. 오늘도 하나님 앞으로 한 걸음 더 다가가고[경건], 내 이웃 앞으로 한 걸음 더 다가가는 삶을 살아야 한다[돌봄]. 경건과 돌봄. 우리가 모두 하나님 앞에 설 때 아마도 이 두 가지가 심판의 기준으로 주어질 것이다. "너는 내 앞에 얼마나 다가왔느냐?"[경건] 그리고 "너는 네 이웃의 옆에 얼마나 다가갔느냐?"[돌봄].

그런데 하나님 사랑은 이웃 사랑으로 표현되기 전까지는 진정으로 하나님 사랑이 아니다. 그래서 바울과 야고보는 이웃 사랑을 하나님 사랑의 완성으로 말한다. 그런 면에서 이 이중 계명을 사도 바울은 로마서 13장 8절과 갈라디아서 5장 14절에서 '이웃

사랑' 한 가지로 축약했다.

> 피차 사랑의 빚 외에는 아무에게든지 아무 빚도 지지 말라 남을 사랑하는 자는 율법을 다 이루었느니라 _로마서 13:8

> 온 율법은 네 이웃 사랑하기를 네 자신 같이 하라 하신 한 말씀에서 이루어졌나니 _갈라디아서 5:14

예수님의 동생 야고보 역시 그의 서신에서 이웃 사랑을 최고의 법으로 간주했다.

> 너희가 만일 성경에 기록된 대로 네 이웃 사랑하기를 네 몸과 같이 하라 하신 최고의 법을 지키면 잘하는 것이거니와 _야고보서 2:8

그렇기에 율법의 정신을 딱 한 마디로 하면 '이웃 사랑'이라고 정의할 수 있다. 예수님의 정신도 '이웃 사랑'이었다. 이웃을 사랑하는 것이 곧 하나님을 사랑하는 것이다. 따라서 기독교 정신은 곧 이웃 사랑이라고 할 수 있다.

> 임금이 대답하여 이르시되 내가 진실로 너희에게 이르노니 너희가 여기 내 형제 중에 지극히 작은 자 하나에게 한 것이 곧 내게 한 것이니라 하시고 _마태복음 25:40

특히 약자에게 행한 것이 곧 하나님께 행한 것이 된다. 약자를 하나님으로 모셔야 한다. 이것이 기독교 정신의 근본이다.

진정한 신앙생활은 '내 삶의 이야기에 하나님을 끌어들이는 것이 아니고, 하나님의 이야기에 내 삶을 조율하는 것'이다. 조율할 때 삶의 기준은 나 자신이 아니라, 하나님/예수님/성령님이어야 한다. 조율의 기준음은 하나님 사랑과 이웃 사랑이다. 피아노도 적절한 시간이 지나면 조율을 해야 한다. 기타도 적당한 시간이 지나면 튜닝이라는 조율을 해주어야 계속해서 사용할 수 있다. 인간도 적절한 시점에서 반복적으로 늘 조율되어야 한다. 하나님 사랑과 이웃 사랑이라는 신앙의 본질을 놓치지 말자. 이를 기준음으로 삼고, 순간순간 조율하자.

"아담아, 네가 어디 있느냐?"하나님 사랑, 경건

"가인아, 네 아우 아벨은 어디 있느냐?"이웃 사랑, 돌봄.

사랑의 하나님,

우리가 이웃을 사랑하는 실천을 통해

하나님의 이야기에 내 삶을 조율하는 삶을 살게 하소서.

26

살아갈수록 악인과 의인의 구분이 모호해지는데, 성경이 말하는 의와 의인은 무엇인가요?

이 시대의 의인: 예수님의 새로운 의(마 5:20)

누가 의인인가?: 신실한 관계

'의'체다카, 디카이오쉬네, righteousness라는 개념은 일반적으로 규범에 순응하는 행동을 뜻한다.[174] 그러나 성경에서는 두 존재 사이의 의로운 관계를 말한다. 사람과 하나님 관계, 사람과 사람 관계에서 이상적으로 처신하는 사람을 의로운 사람이라 한다. 특히 구약성경에서는 하나님이 백성에게 자신의 뜻을 알리신 율법에 맞추어 사는 사람을 '의로운 사람'의인이라고 한다. 이런 사람은 하나님의 뜻을 늘 여쭈어보고 하나님께 순종한다.

1 복 있는 사람은
악인들의 꾀를 따르지 아니하며
죄인들의 길에 서지 아니하며
오만한 자들의 자리에 앉지 아니하고
2 오직 여호와의 율법을 즐거워하여
그의 율법을 주야로 묵상하는도다
3 그는 시냇가에 심은 나무가
철을 따라 열매를 맺으며
그 잎사귀가 마르지 아니함 같으니
그가 하는 모든 일이 다 형통하리로다
…
6 무릇 의인들의 길은 여호와께서 인정하시나
악인들의 길은 망하리로다 _시편 1:1~3, 6

의인은 악과는 단절하고, 하나님의 말씀과 밀착된 삶을 살아간다. 악과는 전쟁, 말씀과는 평화를 이룬다.

의로운 왕의 삶: 가난한 자와 궁핍한 자와 연대

의인은 공동체의 번영과 평화를 증진하는 삶을 산다. 고대 이스라엘 왕에게 주어진 권력과 지위도 공동체의 번영과 평화를 위해서 위임된다.

1 하나님이여 주의 판단력[미쉬파트]을 왕에게 주시고
주의 공의[체다카]를 왕의 아들에게 주소서
2 그가 주의 백성을 공의[체데크]로 재판하며
주의 가난한 자를 정의[미쉬파트]로 재판하리니
…
4 그가 가난한 백성의 억울함을 풀어 주며
궁핍한 자의 자손을 구원하며 압박하는 자를 꺾으리로다
_시편 72:1~2, 4

의로운 왕이 하는 일은 특히 가난한 자와 궁핍한 자들과 연대하여 그들의 억울함을 풀어주는 것이다. 예언자 예레미야도 여호야김 왕의 악한 통치를 질타하면서, 그의 통치를 그의 아버지 요시야의 의로운 통치와 비교한 적이 있다. 의로운 왕들은 가난한 자의 편을 들어주었다.

15 네가 백향목을 많이 사용하여 왕이 될 수 있겠느냐
네 아버지가 먹거나 마시지 아니하였으며
정의와 공의를 행하지 아니하였느냐
그 때에 그가 형통하였었느니라
16 그는 가난한 자와 궁핍한 자를 변호하고 형통하였나니
이것이 나를 앎이 아니냐
여호와의 말씀이니라 _예레미야 22:15~16

의인의 삶: 구제의 삶

다니엘 시대에 와서는 '의'체다카는 가난하고 궁핍한 자들을 구제하고 돕는 것으로 표현된다.

> 그런즉 왕이여 내가 아뢰는 것을 받으시고 **공의**체다카**를 행함으로** 죄를 사하고 **가난한 자를 긍휼히 여김으로** 죄악을 사하소서 그리하시면 왕의 평안함이 혹시 장구하리이다 하니라 _다니엘 4:27

여기서 '공의'체다카는 '구제'를 뜻하는 전문용어로 사용된다. 구제는 공의의 차원에서 다루어져야 할 의무라고 말한다. 모든 사람은 구제의 의무가 있다. 다니엘은 바빌로니아의 왕 느부갓네살에게 공의, 즉 가난한 사람에게 구제를 행함으로 죄악을 사함 받으라고 권하고 있다. 이 본문에 따르면, 구제는 죄도 사할 수 있다. 어떤 죄인지는 알 수 없지만, 구제란 속죄의 수단이 되기도 한다. 여기서 의인의 삶이란, 가난한 자를 구제하는 삶을 말한다.

예수님의 새로운 의: 더 나은 의

마태복음에서도 구약과 유사하게 의의 개념을 사용하고 있다. 즉 하나님의 뜻이 표현된 율법계명을 철저하게 준수하기를 가르친다. 이러한 가르침이 모인 것이 산상수훈이다마 5~7장. 산상수훈에서도 의인의 삶이 소개된다.

내가 너희에게 이르노니 너희 의가 서기관과 바리새인보다 더 낫지 못하면 결코 천국에 들어가지 못하리라 _마태복음 5:20

여기서 나오는 '더 나은 의'는 예수님이 가르치시는 '새로운 의'다. 이 의는 말과 행동이 일치하는 의, 외식하지 않고 남을 돕고 사랑하는 의를 가리킨다. 예수님이 말씀하시는 의인은 1) 사랑의 이중 계명[마 22:34~40], 2) 황금률[마 7:12], 3) 원수 사랑[마 5:43~47], 작은 자[마 18:6, 10, 14]와 지극히 작은 자[마 25:31~46]에게 사랑을 행하는 사람을 말한다.[175]

그렇다면, 한 마디로 성경이 말하는 의인은 어떤 자들인가?

악과는 철저히 단절하고, 하나님의 말씀과는 연결되고, 가난하고 궁핍한 자와 연대하고, 그들을 돕는 자들이 의인이다. 이러한 삶을 사는 자들이 천국 백성으로서 자격이 있다.

나더러 주여 주여 하는 자마다 다 천국에 들어갈 것이 아니요 다만 하늘에 계신 내 아버지의 뜻대로 행하는 자라야 들어가리라

_마태복음 7:21

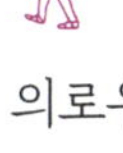

의로우신 하나님
우리가 주께서 가르치고 살아내신
'더 나은 의'를 좇는 자들이 되게 하소서.

27

소돔과 고모라는 악한 도시이자 지옥의 모형인데, 그 죄가 무엇이고 오늘날 교훈은 뭘까요?

소돔과 고모라: 폭력에서 환대로(창 18:20; 19:5)

소돔과 고모라는 어떤 곳이기에?

성경에서 소돔은 악한 도시이며, 소돔 사람은 큰 죄인으로 이미 악명이 높았다.

> 소돔 사람은 여호와 앞에 악하며 큰 죄인이었더라 _창세기 13:13

하나님은 소돔과 고모라의 원성이 너무 크고 죄악이 심히 무겁다는 점을 이미 알고 계시면서도, 이를 재차 확인하려고 친히 내려오신다.

[20] 여호와께서 또 이르시되 소돔과 고모라에 대한 부르짖음이 크고
그 죄악이 심히 무거우니 [21] 내가 이제 내려가서 그 모든 행한 것이
과연 내게 들린 부르짖음과 같은지 그렇지 않은지 내가 보고 알려
하노라 _창세기 18:20~21

하나님은 현장에 가셔서 직접 확인하신다. 하나님의 판결은 그만큼 신중하시다. 하나님은 '소돔과 고모라의 부르짖음'을 들으셨다. '부르짖음'쩨아카은 권리를 침해당한 자가 구원을 호소하는 외침이다. 흔히 가난한 자, 억눌린 자, 학대받는 자, 부당하게 당하는 자의 입에서 터져 나오는 소리다.[176] 소돔과 고모라는 '부르짖음과 죄악'의 도시로서, 죄악으로 억울한 자들의 탄식 소리가 하늘을 찌르는 곳이었다.

소돔과 고모라는 왜 멸망했나?

하나님은 '당신의 친구'사 41:8; 약 2:23인 아브라함에게 소돔과 고모라의 죄악이 극심하여 심판할 수밖에 없음을 미리 알려주신다. 이때 아브라함은 감히 하나님 앞에 나서서 이 도시를 위해 변론한다. 주께서 의인을 악인과 함께 멸하는 것은 부당하며, 세상을 심판하시는 분은 정의로워야 함을 주장한다.

주께서 이같이 하사 의인을 악인과 함께 죽이심은 부당하오며 의인과 악인을 같이 하심도 부당하니이다 세상을 심판하시는 이가 정의

를 행하실 것이 아니니이까 _창세기 18:25

아브라함은 소돔 성읍에 의인이 오십 명만 있다면, 그 의인을 보아서 이 성을 멸하지 말아 달라고 간청한다. 하나님은 마치 기다렸다는 듯이 의인이 오십 명이 있다면, 당연히 용서할 것이라고 응대하신다. 하나님은 심판보다 구원을 더 원하시는 분이다. 아브라함의 제안은 50명에서 45명으로, 40명으로, 30명으로, 20명으로, 최종적으로 10명으로 줄어든다. 하나님은 열 명이라도 구원하시려 한다.

아브라함의 의인 수는 왜 열 명으로 멈추었을까? 열이라는 숫자는 전체를 상징하는 숫자다. 열 명이란 사회 전체를 지탱해주고 대변하는 최소의 기준이다.[177]

보아스가 그 성읍 장로 열 명을 청하여 이르되 당신들은 여기 앉으라 하니 그들이 앉으매 _룻기 4:2

오늘날에도 유대인들은 합법적인 모임으로 인정을 받으려면 적어도 열 명은 되어야 한다. 예를 들어, 한 마을 안에 유대교 회당이 세워지려면 최소한 열 명이 있어야 한다. 또 합법적인 결혼식이나 장례식을 치르려면 최소한 열 명이 있어야 한다.[178] 열 명은 공동체의 가장 적은 수를 가리키며, 그 이하는 개인에 불과하다.[179] 소돔과 고모라는 성읍의 최소 단위인 의인 열 명이 없어서 멸망한다.

소돔과 고모라의 죄악은 구체적으로 무엇인가?

소돔과 고모라의 죄악은 창세기 19장에서 자세히 기록된다. 소돔성에 잠시 머무는 나그네에 대해 소돔 사람은 노소가 떼로 몰려와서 위협한다. 이들의 죄악은 여기서 드러난다.

> [4] 그들이 눕기 전에 그 성 사람 곧 소돔 백성들이 노소를 막론하고 원근에서 다 모여 그 집을 에워싸고 [5] 롯을 부르고 그에게 이르되 오늘 밤에 네게 온 사람들이 어디 있느냐 이끌어 내라 우리가 그들을 상관하리라 _창세기 19:4~5

1) 성적 폭력

"우리가 그들을 상관하리라"에서 '상관하다'야다는 성적인 관계를 가리킬 수 있다.

> 그들이 마음을 즐겁게 할 때에 그 성읍의 불량배들이 그 집을 에워싸고 문을 두들기며 집 주인 노인에게 말하여 이르되 네 집에 들어온 사람을 끌어내라 우리가 **그와 관계하리라**야다 하니 _사사기 19:22

소돔의 죄는 나그네를 상대로 집단으로 성폭력을 가하는 것이다.

2) 나그네에 대한 폭력

에스겔 예언자는 소돔의 죄악을 가난하고 궁핍한 자를 도와주지 않음에서 찾는다.

네 아우 소돔의 죄악은 이러하니 그와 그의 딸들에게 교만함과 음식물의 풍족함과 태평함이 있음이며 또 그가 가난하고 궁핍한 자를 도와주지 아니하며 _에스겔 16:49

유대인의 탈무드도 이런 식으로 해석한다.

소돔 사람들이 그 도시를 찾아온 나그네들을 험하게 대접하는 것은 그들을 낙담시키기 위해서이다. 소돔 사람들은 자기들이 이룩한 번영을 낯선 사람들과 결코 나누려 하지 않았다.[180]

예수님도 이런 식으로 소돔과 고모라를 언급하신 적이 있다.

[14] 누구든지 너희를 영접하지도 아니하고 너희 말을 듣지도 아니하거든 그 집이나 성에서 나가 너희 발의 먼지를 떨어 버리라 [15] 내가 진실로 너희에게 이르노니 심판 날에 소돔과 고모라 땅이 그 성보다 견디기 쉬우리라 _마태복음 10:14~15

정리하면, 소돔의 잘못은 힘 있는 무리가 약자에게 가하는 폭력과 불의다사 1:10~17; 3:9; 렘 23:14. 소돔 사람들은 교만하고, 탐욕스럽고, 약자를 무시하고 나그네를 영접하지 않는 사람들의 대명사다. 소돔 사람들은 나그네를 환대하지 않고 냉대하고 억압하는 사람들이다.

소돔과 고모라를 누가 구할 수 있을까?

소돔과 고모라는 약한 나그네에게 폭력과 불의를 행하는 자들이다. 이들을 구할 자는 약자에 대한 폭력과 불의를 멀리하는 의인 열 명이었다. 소돔을 살릴 수 있는 의인 열 명은 나그네를 영접하고 환대하는 자들이었다. 나그네에게 자비를 베푸는 자들이었다.

> 자기 이웃에게 자비로운 자는 누구든지 의심할 여지 없이 우리의 조상 아브라함의 후손이다. 그러나 자기 이웃들에게 자비롭지 못한 자는 누구도 우리 조상 아브라함의 후손이 결코 될 수 없다.
>
> _탈무드. Betsah 32b[181]

최근에 조슈아 W. 지프는 『환대와 구원』이라는 책에서 환대의 중요성을 성서적으로 논증하고 주장한다.[182] 성서의 하나님은 '환대의 하나님'이다. 그 하나님은 자신의 언약 백성을 향해 풍성하고 지속적인 환대를 베풀 뿐 아니라 이러한 신적인 환대에 기초해 자기 백성이 다른 이들에게 환대를 베풀라고 강하게 요구하는 분이다. 그 환대가 구원의 문제에서도 필수적인 요인이라고 주장한다.[183]

그의 주장에 의하면, 아브라함은 그의 '믿음과 환대로 인해' 노년기에 아들을 얻게 되었다 창 18:1~5; 약 2:21~24. 롯은 '그의 환대와 경건으로 인해' 소돔에 내려진 불과 유황 심판의 때에 구원을 받았다 벧후 2:7. 기생 라합은 '그녀의 믿음과 환대로 인해' 여리고성 공략의 때 구원을 받게 되었다 약 2:25; 히 11:31.[184] 지프 교수의 주장을 무조건 수용하지 않는다고 해도, 행위 없는 믿음의 문제가 심각한 오늘날 깊이 새겨 볼만한 가르침이다. 믿음과 환대로 구원받는다!

오늘날 한국 교회와 한국 사회는 늘어나는 각종 사회경제적 약자들, 외국인 노동자, 장애인, 탈북자, 소수자 등 기존 체제의 중심부에서 환영받지 못한 생명을 향해 신적 환대를 어떻게 활성화하고 실천할 수 있는지를 고민해야 한다. 분명한 사실은 예수께서 최후의 심판관으로서 천국으로 인도할 사람들로 굶주린 자들, 옥에 갇힌 자들, 헐벗은 자들, 병든 자들을 먹이고 입히고 심방하며 위로하는 등 구체적인 '환대의 사랑'을 실천한 자들을 꼽는다는 것이다 마 25:31~46.[185]

오늘날 우리의 삶의 방식에는 두 가지 다른 접근법이 있다. 하나는 장벽을 쌓고, 다른 사람들을 외면하고, 부를 추구하고, 내주기는 거의 하지 않는 삶이다. 다른 하나는 다리를 놓고, 다른 사람들을 환대하고, 적절한 정도만 부를 추구하고, 궁핍한 사람들에게 관대하게 내주는 삶이다. 후자의 삶이 기독교적인 삶의 방식이다. 이런 사람들이 소돔과 고모라와 같은 세상을 구원할 수 있다.

약자를 환대하기를 원하시는 하나님,

남은 삶을 다른 사람과 다리를 놓고,

환대하며,

적절한 정도의 부만 추구하고,

궁핍한 사람들에게 관대한 삶을 살아가게 하소서.

28

사회적 타살로 죽음을 맞는 사람들이 많은데, 이러한 현상에 어떻게 접근해야 할까요?

살인: 기 살리는 삶(출 20:13)

지금 우리 사회를 지배하는 것은 '죽음의 문화'와 '죽임의 문화'다. 반생명적 문화 속에서 인간 생명의 절대적 가치는 끝없이 추락하고, 생명의 존엄성은 심각하게 위협당하고 있다. 자살자 수는 줄지 않고, 가정과 학교, 군대 안에서 폭력 사건이 연이어 발생하고 있다.[186] 여기 저기에서 죽음의 신음이 그치지 않고 있다.

제6계명의 의도: 이웃의 생명을 보호

"살인하지 말라"에서 동사 '라차흐'살인하다는 '모든' 살인을 금하는 의미는 아니다. 이 단어는 세 가지의 경우에는 사용되지 않는다. 첫째, 평화를 지키기 위한 '전쟁'에서 사람을 죽이는 일, 둘째, '사형선고'를 내리는 경우, 셋째, 생존을 위해 '동물을 식용'으로 취하는 경우다. 살인하지 말라는 제6계명은 '전쟁 중에 상대를 죽이지 말라'는 것은 아니다. 또한 '사형선고를 내리지 말라'는 말도 아니다. 그리고 '식용을 위해서 동물을 취하는 행위를 하지 말라'는 말도 아니다. 성경은 모든 종류의 죽음을 금하지는 않는다.[187]

단지 '불법적인 죽음', '불필요한 죽음'을 금한다. 따라서 이 계명은 '공동체에 해가 되는 불법적인 살인'을 금한다. 제6계명의 의도는 공동체의 평화와 질서를 지키기 위해서 이웃을 보호하는 데 있다.[188]

모든 생명의 주인은 하나님

이 계명은 "모든 생명은 하나님으로부터 왔고, 하나님께 속한 것이다"라는 믿음에 기초한다. 모든 생명은 하나님으로부터 온 것이기에, 생명의 주인은 바로 하나님이시다. 인간은 하나님이 땅의 흙티끌으로 빚으시고 그 코에 생기생명의 호흡를 불어넣으셔서 만든 작품이다창 2:7. 모든 인간에게는 하나님의 생명이 주어졌다. 생명은 하나님으로부터 선물로 '받은 것'이지, 인간이 스스로 '쟁취한 것'이 아니다.[189]

생명의 호흡을 주신 분도, 거두시는 분도 하나님이시다.

여호와는 죽이기도 하시고 살리기도 하시며
스올에 내리게도 하시고 거기에서 올리기도 하시는도다
_사무엘상 2:6

인간의 생명 안에는 하나님의 생명이 들어 있기에 다른 사람의 생명을 가볍게 여겨서는 안 된다. 인간은 자신의 생명이건 타인의 생명이건 생명을 좌지우지할 권리가 없다. 생명은 인간의 힘이 미치지 못하는 치외 법권이요, 하나님의 주권적 영역이다. 모든 생명의 주인은 오직 하나님 한 분이시다.

사람의 생명권이 최우선 가치인 하나님 나라

마태복음 20장 1~16절에 하나님 나라에 대한 비유가 나온다. 포도원 주인이 일꾼을 모으고 일당을 나누어 주는 이야기다. 오전 9시, 12시, 오후 3시, 오후 5시에 일한 노동 시간이 각기 다른 일꾼들에게 동일한 임금을 지불한 사건이다. 오전 9시부터 하루 종일 9시간이나 일한 사람은 오후 5시부터 1시간 일한 사람과 동일 임금을 받은 것은 누가 보아도 불공평해 보인다.

그런데 정작 포도원 주인은 그리 생각하지 않는다. 주인의 생각에 사람이 일한 양은 중요하지 않다. 오히려 일꾼들의 최저 생계비를 보장해 주는 것이 더 중요하다. 왜냐하면 일보다 사람이 더 중요하기 때문이다. '일의 효용성' 보다는 '사람의 생명권'이 더 우선되는 사상, 이것이 바로 하나님 나라의 경제학이다. 하나님 나라는 사람의 생명을 최우선의 가치로 둔다.

간접 살인: 사람을 죽여야만 살인인가?

총칼로 다른 사람의 목숨을 해치는 것은 분명한 살인이다. 그러나 이런 직접 살인만 살인은 아니다. 인간 사회 안에서 사람의 생존을 위협하고 방해하는 모든 행동도 살인행위이다. 우리 주변의 농어민들, 산재 노동자들, 외국인 근로자들, 도시 빈민과 같은 약자에게서 생계수단을 빼앗는 것과 이로 인해 살아갈 희망을 잃게 하는 것 또한 간접살인이다. 한 걸음 더 나아가 주변의 환경과 생태계를 파손하는 것도 간접 살인이고 생태 살인이다.

특히 약자의 생명을 보호하지 않는 것 역시 간접 살인이다. 종교개혁자 마르틴 루터는 제6계명을 다음과 같이 해석한다.

> 어떤 사람이 실제로 악한 일을 한 경우뿐 아니라 이웃에게 선행을 베풀지 않거나 기회가 있음에도 불구하고 이웃이 육체적 피해나 상해를 입지 않도록 지키고 보호하고 예방하지 못한 경우, 그는 이 계명살인하지 말지니라을 어긴 것이다.[190]

기氣 죽이는 것도 살인이다

예수님은 형제에게 성내는 것 또한 살인죄라고 강조하셨다.

21 옛 사람에게 말한 바 살인하지 말라 누구든지 살인하면 심판을 받
게 되리라 하였다는 것을 너희가 들었으나 22 나는 너희에게 이르노
니 형제에게 노하는 자마다 심판을 받게 되고 형제를 대하여 라가
라 하는 자는 공회에 잡혀가게 되고 미련한 놈이라 하는 자는 지옥
불에 들어가게 되리라 _마태복음 5:21~22

분노나 언어폭력도 살인죄에 해당한다. 인간은 모두 깨지기 쉬운 질그릇과 같은 존재다. 사람은 겉으로는 강하게 보여도 속은 매우 연약하다. 말 한마디에 깊은 상처를 입어 사람을 대할 때 생기와 의욕을 잃어버리는 것이 사람이다. 그래서 예수님은 다른 사람의 외적인 생명을 빼앗는 것만이 살인이 아니라, 내적인 속사람을 상심시키는 것 또한 살인이라고 말씀하신 것이다. 상대의 기를 죽이는 것도 살인이다.

생기의 영으로 살리는 삶

사실 우리는 알게 모르게 수많은 사람을 살인해 왔는지도 모른다. 개신교의 한 종파인 메노나이트 교인의 포스터가 같은 기독교인인 우리를 반성하게 한다. '평화를 위한 조심스러운 제안'이라는 제목이 붙은 포스터다.

이 세상의 그리스도인이라도
다른 그리스도인을 죽이지 않기로 한다면…

이 땅에서 평화를 원한다면, 다른 그리스도인을 죽이지 않는 것으로 평화의 첫걸음을 시작하자는 의미다. 여러 종교가 공존하는 오늘날, 우리 먼저 다른 그리스도인이나 다른 종교인을 죽이지 않겠다고 결단하는 것이 새로운 역사를 만드는 시발점이 될 수 있다. 유대 전승에 "한 사람의 목숨은 전 세계의 무게와 같다"라는 경구가 있다. 이 경구는 생명의 가치가 절대적이라는 사실을 잘 보여준다.

> 만약 어떤 사람이 한 생명을 구하면, 그것은 전 세계를 구한 것과 마찬가지다. 그리고 만약 어떤 사람이 한 생명을 파괴하면, 그것은 전 세계를 파괴한 것과 같다.[191]

하나님의 영은 '생기'生氣다. 성령은 '살아 있는 기운', '생명의 기운'이다. 성령 충만한 사람은 하나님으로부터 생기를 받아, 그 생기로 남을 살리는 삶을 산다.

하나님의 생기로 많은 사람을 살리는 복된 삶이 되기를…

기 죽이는 삶이 아니라, 기 살리는 삶이 되기를…

생명의 주인 되시는 하나님,
하나님으로부터 생기를 받아, 그 생기를 내면에 가득 채우고,
주변 사람들에게 그 생기를 불어 넣어,
만나는 사람들에게 기를 살려주는 삶을 살게 하소서.

29

간통죄가 폐지된 이후 논란이 많은데, 성경에서는 이 문제를 어떻게 바라볼까요?

간음: 간음하면 못 가요, 하나님 나라(출 20:14)

우스갯소리로, 시내 산에서 내려온 모세가 이렇게 말했다고 한다.

> 여러분, 여러분을 위해 좋은 소식 하나와 나쁜 소식 하나를 가져왔소.
> 먼저 좋은 소식부터 얘기하리다.
> 하나님과 흥정한 끝에 계명을 열 가지만 지키는 거로 합의를 보았소.
> 나쁜 소식은 일곱 번째 계명이 그 열 가지 안에 여전히 있다는 거요.

이처럼 제7계명에서 금지된 간음은 사람들의 머릿속에서 늘

떠나지 않는 주제다.[192]

생물학적으로 인간은 어느 정도 정조를 지키지 못하는 부정不貞한 존재로 창조되었다고 한다. 어느 한 파트너와 유대를 맺거나 결혼한 후에도 다른 남성이나 여성에게 성적 매력을 느낀다는 것이다.[193] 모든 인간은 '간음 본능'이나 '외도 본능'이 있다는 것이다. 간음은 본능과 관계된 모든 사람의 심각한 문제다. 간음과 무관한 사람은 없다는 말이기도 하다.

그러나 눈은 돌아가도 제자리로 돌이켜야

간음과 관련한 예수님의 말씀 가운데 우리를 절망하게 하는 말씀이 하나 있다.

> 27 또 간음하지 말라 하였다는 것을 너희가 들었으나 28 나는 너희에게 이르노니 음욕을 품고 여자를 보는 자마다 마음에 이미 간음하였느니라 _마태복음 5:27~28

이 말씀은 '음욕의 충동'조차 금하는 것은 아니다. 인간의 내면에 있는 성욕 자체를 죄라 할 수는 없다. 이 말씀은 '최초의 충동'에 이어지는 '응시', 그리고 '음욕에 찬 상상'을 금하는 것이다.[194]

아름다운 여성, 멋진 남성을 볼 때 눈이 돌아가는 것은 자연스러운 일이다. 하지만 돌아간 눈을 빨리 제자리로 되돌리지 못하거나, 흑심을 품고 따라가는 것이 문제다. 멋있는 이에게 돌아간 눈은 정상이고 건강한 것이다. 하지만 제자리로 돌이키지 못한 눈은 비정상이고 병든 것이다.

간음은 가정을 파괴하는 죄

제7계명의 본래 의도는 가정을 보호하고 지키는 것이다. 독일어 단어 '간음' Ehe-brechen, 결혼 파괴에서도 볼 수 있듯이, 간음이란 결혼 관계를 파괴하는 행위다.[195]

> 누구든지 남의 아내와 간음하는 자 곧 그의 이웃의 아내와 간음하는 자는 그 간부와 음부를 반드시 죽일지니라 _레위기 20:10

간음은 거룩한 결혼과 가정을 위협하기에 중대한 죄로 간주한다.

> 하나님이 꿈에 또 그에게 이르시되 네가 온전한 마음으로 이렇게 한 줄을 나도 알았으므로 너를 막아 내게 범죄하지 아니하게 하였나니 여인에게 가까이 하지 못하게 함이 이 때문이니라 _창세기 20:6

간음은 사형죄이며, 하나님께 범하는 중죄

구약성경에서 간음은 가정뿐 아니라 공동체 전체와 연관된 범죄이기에 공동체는 간음한 자의 목숨을 요구했다. 그래서 간음한 사람들은 돌로 쳐 죽임을 당했다.

너희는 그들을 둘 다 성읍 문으로 끌어내고 그들을 **돌로 쳐죽일 것이니** 그 처녀는 성안에 있으면서도 소리 지르지 아니하였음이요 그 남자는 그 이웃의 아내를 욕보였음이라 너는 이같이 하여 너희 가운데에서 악을 제할지니라 _신명기 22:24

또한 간음한 사람들은 화형에 처하도록 되어 있었다.

석 달쯤 후에 어떤 사람이 유다에게 일러 말하되 네 며느리 다말이 행음하였고 그 행음함으로 말미암아 임신하였느니라 유다가 이르되 **그를 끌어내어 불사르라** _창세기 38:24

간음은 무엇보다도 하나님께 죄를 범하는 것이다. 이는 요셉이 보디발의 아내의 유혹을 물리치면서 한 말에서도 드러난다.

이 집에는 나보다 큰 이가 없으며 주인이 아무것도 내게 금하지 아니하였어도 금한 것은 당신뿐이니 당신은 그의 아내임이라 그런즉 내가 어찌 **이 큰 악을 행하여 하나님께 죄를 지으리이까** _창세기 39:9

간음은 그리스도의 몸에 대한 강간

보통 간음죄는 다섯 가지 관계에 영향을 끼친다.
첫째, 하나님과 관계에 영향을 미친다.
둘째, 자기 육체에 영향을 끼친다.

셋째, 자기 배우자에게 영향을 끼친다.

넷째, 불륜 상대자에게도 영향을 준다.

다섯째, 불륜 상대자의 배우자에게도 죄를 짓는 셈이다.

탈무드에 따르면, 어떤 경우에도 정당화될 수 없고, 용서받을 수 없는 죄로 세 가지를 꼽는다. 첫째는 우상숭배이고, 둘째는 살인죄이고, 셋째는 간음죄이다.[196]

사도 바울은 몸에 짓는 음행인 간음을 비도덕적일 뿐 아니라 비신앙적 행위라고 강하게 비판한다.

> 18 음행을 피하라 사람이 범하는 죄마다 몸 밖에 있거니와 **음행하는 자는 자기 몸에 죄를 범하느니라** 19 너희 몸은 너희가 하나님께로부터 받은 바 너희 가운데 계신 성령의 전인 줄을 알지 못하느냐 너희는 너희 자신의 것이 아니라 _고린도전서 6:18~19

인간의 몸은 성령이 거하시는 거룩한 성전일 뿐만 아니라 그리스도의 지체다. 만약 우리가 창녀와 관계하게 되면 창녀와 한 몸이 되며, 결국 그리스도의 지체를 창녀의 지체로 만들게 되는 셈이다.

> 너희 몸이 그리스도의 지체인 줄을 알지 못하느냐 내가 그리스도의 지체를 가지고 창녀의 지체를 만들겠느냐 결코 그럴 수 없느니라 _고전 6:15

이런 가르침에 근거하여, 칼뱅은 인간의 간음죄를 가리켜 '그

리스도의 몸에 대한 강간'이라고 표현하기까지 했다.[197]

간음하면 못 가요, 하나님 나라

간음죄는 하나님 나라에 들어가지 못하는 죄 가운데 하나임을 기억해야 한다.

> [9] 불의한 자가 하나님의 나라를 유업으로 받지 못할 줄을 알지 못하느냐 미혹을 받지 말라 음행하는 자나 우상 숭배하는 자나 **간음하는 자**나 탐색하는 자나 남색하는 자나 [10] 도적이나 탐욕을 부리는 자나 술 취하는 자나 모욕하는 자나 속여 빼앗는 자들은 **하나님의 나라를 유업으로 받지 못하리라** _고린도전서 6:9~10

> 모든 사람은 결혼을 귀히 여기고 침소를 더럽히지 않게 하라 음행하는 자들과 **간음하는 자들을 하나님이 심판하시리라** _히브리서 13:4

간음만 피해도 엄청난 업적

'간음을 행하지 않는 것' 이것은 자신을 지키는 것이고, 다음으로 가정을 지키는 것이다. 더 나아가 사회와 국가를 지키는 것이다. 성경에 나오는 인물 가운데 하나님의 명령인 제7계명을 지키지 못해서 평생 쌓은 업적을 한순간에 무너뜨린 사람들이 있다다윗과 솔로몬. 그러나 제7계명을 잘 지켜서 인생을 승리로 이끈 인물도 있다[요셉]. 다른 계명은 몰라도 우리 몸의 순결만큼은 지킬 수 있기를 바란다.

우리 가정만큼은 우리가 지켜야 한다. 내 가정만 제대로 지켜도 엄청난 업적을 남긴 삶이다. 인류 최초의 관계를 부부로 세우신 하나님은 어떤 상황에서도 가정이 깨지기를 원하지 않으신다.

모든 가정을 세워주신 하나님,

우리 가정만큼은 굳건히 세워가는 은혜가 지속되기를 원합니다.

하나님 안에서 우리 마음을 정결하게 하소서.

“

30

그리스도인들이 가져야 할 성경적 물질관이란 무엇일까요?

돈, 성경적으로 다루는 법: '돈을 따르는 삶'에서 '돈이 따르는 삶'으로(마 6:24)

”

돈은 '선물'인 동시에 '유혹'이다

성경은 돈에 관해 정형화된 신학이나 구체적인 철학을 제공해 주지 않는다. 성경은 돈에 관해서 긍정적 측면과 부정적 측면을 함께 말해주고 있다.[217] 성경에서 돈은 종종 축복의 표현으로써 하나님의 선물로 묘사된다.

> 여호와께서 주시는 복은 사람을 부하게 하고
> 근심을 겸하여 주지 아니하시느니라 _잠언 10:22

그런데 "돈을 사랑함이 일만 악의 뿌리"딤전 6:10라고 말하기도 한다.

> 돈을 사랑함이 일만 악의 뿌리가 되나니 이것을 탐내는 자들은 미혹을 받아 믿음에서 떠나 많은 근심으로써 자기를 찔렀도다
>
> _디모데전서 6:10

돈은 하나님의 '축복'의 표지가 될 수도 있고, '우상'이 될 수도 있는 이중성이 있다. 돈에는 '어두운 면'과 '밝은 면'이 동시에 존재한다.[218] 그래서 돈은 '선물'이면서 동시에 '유혹'거리이다.

돈은 하나님과 경쟁하는 유일한 라이벌 신이다

돈은 단순히 '저기에' 서 있는 중립적인 물질이 아니다. 오히려 돈은 강력한 힘을 그 자체 안에 지니고 있는 '세력'power이다. 인류 타락 이후에 하나님을 가장 강력하게 위협하는 피조물이 있다면, 그것은 돈이다. 신들의 반열 위에 서 있을 수 있는 가장 강력하고도 힘센 신이 있다면, '돈의 신'이다. 길이 없는 광야에서 이스라엘은 '금신'금송아지이야 말로 그들에게 길을 보여주고 인도할 수 있는 '신'이라고 여긴 적도 있지 않은가출 32장.[219]

하나님이 인간에게 안정과 평화를 주듯이, 돈 역시 그 소유자에게 엄청난 황홀감과 안정감을 가져다준다. 그래서 그리스도인들이 하나님의 은총을 찾아 교회로 자발적으로 찾아가듯, 자본주의

사회의 시민들은 돈이 하사하는 평온을 누리기 위해 노동 현장으로 달려간다. 그래서 돈은 단순히 물질이 아니다. 돈은 자기 안에 무한한 교환 가능성이 있어서 사람들이 자기를 더 많이 소유하도록 영감을 불어넣는 존재다.[220] 하나님 없이 살 수 없듯이, 돈 없이도 살 수 없다. 하나님도 필요하지만, 돈도 하나님 못지않게 필요하다. 그래서 예수님은 돈맘몬을 하나님의 유일한 라이벌로 말씀하셨다.

> 한 사람이 두 주인을 섬기지 못할 것이니 혹 이를 미워하고 저를 사랑하거나 혹 이를 중히 여기고 저를 경히 여김이라 너희가 하나님과 재물을 겸하여 섬기지 못하느니라 _마태복음 6:24

돈은 하나님과 경쟁하는 유일한 신이다. 인간은 하나님을 따르는 '하나님 백성'의 삶과 돈을 따르는 '돈 백성'의 삶 가운데 한 길을 선택해야 한다. '돈을 따르는 삶'이 아니라, '돈이 따르는 삶'을 살아야 한다. 하나님을 따르는 사람에게는 돈이 따르는 삶이 선물로 주어진다.

돈재물에 대한 성경의 가르침

재물에 대한 성경의 가르침은 세 가지 범주로 나눌 수 있다. 가짐소유, 누림향유, 나눔공유이다.

1) 물질적 소유에 관한 성경의 지침은 '자족'이다. 성경은 지금 있는 그것으로 족한 줄로 알라고 말한다.

> 내가 궁핍하므로 말하는 것이 아니니라 어떠한 형편에든지 나는 자족하기를 배웠노니 _빌립보서 4:11

자족을 모르면 돈에 매여 살고, 급기야 돈을 사랑하기에 이르고, 결국 돈에 중독된다. 이쯤 되면 부자가 되려고 혈안이 되어 수단과 방법을 가리지 않고 돈만 추구하는 삶을 살게 된다. 돈을 사랑하는 것은 온갖 종류의 불행과 근심, 그리고 파멸의 씨앗이다.[221]

> 9 부하려 하는 자들은 시험과 올무와 여러 가지 어리석고 해로운 욕심에 떨어지나니 곧 사람으로 파멸과 멸망에 빠지게 하는 것이라 10 돈을 사랑함이 일만 악의 뿌리가 되나니 이것을 탐내는 자들은 미혹을 받아 믿음에서 떠나 많은 근심으로써 자기를 찔렀도다
>
> _디모데전서 6:9~10

물질적 소유에 관해 하나님이 성경을 통해 우리에게 주시는 교훈은 "먹을 것과 입을 것이 있으면 족한 줄로 알라"딤전 6:8는 것이다. 한마디로 '자족'이다.

2) 물질적 누림에 대한 성경적 지침은 '절제 속의 향유'다. 성경은 절제 속의 향유를 가르친다. 하나님이 주신 물질에 대한 태

도로 두 가지 극단적인 입장이 있다.

첫째는 금욕주의적 입장이다. 이는 물질을 가지고 인생을 즐기는 것에 대해 심히 부정적이다. 가난한 자들에 대한 부담감 때문에, 생존을 유지하기 위한 기본적인 필수품 이상의 것을 소유하고 즐기는 것을 죄로 여긴다. 생존을 위한 최소한의 것으로 금욕주의적으로 살라는 것이다. 이는 성경이 명하는 것보다 극단적으로 치우친 입장이다.

둘째는 지나친 누림의 입장이다. 구약의 율법이 명하는 일정한 의무를 행하기만 한다면, 그 이후 남은 물질은 자신의 몫으로 받아들인다. 하나님께 드리고 난 이후의 몫은 자기 마음대로 사용할 권리가 있다고 생각한다. 일정한 헌금을 드린 후의 모든 물질은 거리끼지 말고 자신을 위해 마음껏 쓰라는 것이다. 이 또한 또 하나의 극단에 치우친 입장이다.[222]

성경의 입장은 금욕주의도 아니고, 지나친 누림도 아니고, 그 중간에 위치한다. 성경은 생존을 위한 기본적인 것 이상의 물질을 인정한다. 어느 정도 스스로 즐기기 위한 물질 사용을 장려한다. 즐길 수 있는 물질을 하나님의 선물이요 축복으로 본다. 이 점에서 성경의 가르침은 금욕주의와 거리가 있다.

또한 어떤 사람에게든지
하나님이 재물과 부요를 그에게 주사
능히 누리게 하시며
제 몫을 받아 수고함으로 즐거워하게 하신 것은

하나님의 선물이라 _전도서 5:19

그렇다고 누림이 무한정 허용되는 것은 아니다. 하나님께 드리고 난 이후의 물질도 여전히 하나님의 주권 아래에 있다. 이 점에서 지나친 누림도 성경의 가르침이 될 수는 없다. 누림에 대한 성경의 입장은 '절제 속의 향유'다. 적당한 절제 속에서 하나님이 주신 물질을 적절히 누리는 것이다.

3) 물질적 나눔에 관한 성경의 가르침은 '가난한 자에 대한 의무'다. 가난한 자들을 돕는 것은 참된 경건의 핵심적 증거다.

하나님 아버지 앞에서 정결하고 더러움이 없는 경건은 곧 고아와 과부를 그 환난 중에 돌보고 또 자기를 지켜 세속에 물들지 아니하는 그것이니라 _야고보서 1:27

모든 물질에는 나보다 가난한 자의 몫이 포함되어 있다. 가난한 자의 몫을 흘려보내지 않으면 도적질하는 것이다. 특히 그리스도인들은 선행과 자선에 남달리 더 힘써야 한다.

[17] 네가 이 세대에서 부한 자들을 명하여 마음을 높이지 말고 정함이 없는 재물에 소망을 두지 말고 오직 우리에게 모든 것을 후히 주사 누리게 하시는 하나님께 두며 [18] 선을 행하고 선한 사업을 많이 하고 나누어 주기를 좋아하며 너그러운 자가 되게 하라 _디모데전서 6:17~18

하나님의 사람에게 주어진 물질은 무엇보다도 선행을 위해서 주어진 것이다.

도둑질하는 자는 다시 도둑질하지 말고 돌이켜 가난한 자에게 구제할 수 있도록 자기 손으로 수고하여 선한 일을 하라 _에베소서 4:28

우리 주변의 굶주린 이웃을 외면하는 것은 하나님의 무서운 심판을 자초하는 어리석은 일이다. 부자와 나사로의 이야기에서 부자의 죄는 특별히 언급되지 않는다. 문맥상 부자의 죄는 혼자 배부르며 가난한 이웃을 철저히 외면했다는 것이다눅 16:19-31.

칼뱅은 하나님의 재산을 위탁받은 부유한 청지기가 가난한 이웃에게 물질을 순환하지 않는 것은 도둑질이고 신성모독이라고 책망했다.[223]

돈을 성경적으로 다루는 법은 현재 가진 것에 자족하며, 절제 속에 주신 것을 감사함으로 누리며, 가난한 이웃과 의무적으로 나누는 것이다. 이렇게 하나님이 주신 가르침을 따를 때, 돈을 따르는 삶이 아니라, 돈이 따르는 삶을 살게 될 것이다.

물질의 주권을 쥐고 계신 하나님,
돈에 휘둘리지 않고,
돈을 온전히 다스리는 삶을 살게 하소서.

Part 6

자주 하는 질문들

31

하나님은 왜 선악과를 만드셔서 인간이 죄를 짓게 하셨을까요?

에덴동산과 선악과: 하나님과 함께함이 복이라(창 2:9, 17)

에덴동산에도 율법선악과 금지 명령이

에덴은 성경에 나오는 최초의 땅 이름이다. 에덴이란 히브리어는 '충만한 기쁨'이나 '환희'를 뜻한다.[198] 그래서 에덴은 '낙원'paradise으로 번역된다. 그런데 타락하기 이전의 에덴동산에서도 율법이 있었다.

율법에는 '~하라'는 긍정 율법과 '~하지 말라'는 부정 율법이 있다. 인류 최초의 부정 율법은 창세기 2장 16~17절에 나타나는 선악과에 관한 금지 명령"선악을 알게 하는 나무는 먹지 말라"이다. 최초의 긍정 율법은 창세기 1장 28절의 긍정 명령"생육하고 번성하여 땅에 충만하라"이다.

타락 이전의 창조 질서 속에 율법이 존재한다는 사실은 매우 중요하다. 창조와 함께 주어진 율법은 세계 속에 있는 인간의 삶에 처음부터 유익한 것으로 주어진다. 율법은 삶을 증진하는 긍정적인 것으로 이해된다. 율법은 최고의 삶을 위한 은혜의 선물이다.[199]

따라서 인류 최초의 부정 율법인 선악과 금지명령은 사람을 구속하는 것이 아니라 사람의 행복을 위한 것이다. 율법은 선물이지 짐이 아니다. 에덴에서도 율법은 있었다.

지나친 인간의 탐욕

에덴동산의 최초의 인간은 하나님이 그를 지으셨다는 사실 외에는 하나님과 큰 차이가 없을 정도로 대단한 존재로 창조되었다. 하나님은 동산 가운데 '생명나무'와 '선악을 알게 하는 나무'를 두셨다. 그런데 이 나무 가운데 선악을 알게 하는 나무'만' 금지하셨다. 사람은 생명나무 실과는 자유로이 따먹을 수도 있고, 하나님과 함께 영생을 누릴 수도 있을 정도였다. 이 얼마나 대단한 배려인가!!

인간은 낙원이라는 완벽한 삶의 조건에서 모든 것을 다 가지고 누릴 수 있었다. 창세기 2장 16절의 '각종 나무의 열매'라는 표현에서 '각종'콜은 '모든 것/전부'를 의미한다. 인간은 모든 나무 열매를 먹을 수 있었다. 그에게는 조금도 부족함이 없었다.[200] 그럼에도 즉 모든 것이 가능하고, 오직 하나만 금지된 선악을 알게 하는 나무의 열매마저도 먹으려 했다면 인간의 욕심은 얼마나 지나친가![201]

선악과의 존재 의미: 사랑의 질서

하나님은 첫 사람에게 단 한 가지만을 못하게 제한하심으로 하나님과 사람 사이에 반드시 지켜져야 할 마지노선을 그으신다. 모든 것이 가능한 사람이지만, 한 가지의 제한과 한계를 두신 하나님께 순종함으로 사람은 사람이 되고, 하나님은 하나님이 되신다. 선악을 알게 하는 나무가 무엇이든지 간에, 사람은 이를 금지하신 하나님의 말씀에 순종함으로 '하나님의 통치권'을 인정하며 동시에 '인간의 제한성'을 수용하는 것이다. 이 금지명령은 인간을 속박하기 위한 것이 아니라, 하나님과 인간 사이에 있어야 할 '사랑의 질서'를 제시한 것이다.[202]

선악과와 자유의지

하나님은 사람을 로봇으로 만들지 않으셨다. 만약 하나님이 사람을 로봇으로 만들었다면, 사람의 잘못에 대한 책임을 추궁할 수 없다. 로봇에게 어떻게 책임을 추궁할 수 있단 말인가. 로봇은 명령대로 움직일 뿐이다. 로봇에게는 자유도 없고, 자유의지도 없다. 그러나 사람은 자유의지가 있기에 하나님의 명령에 순종할 수도 있고 불순종할 수도 있다. 사람에게는 자유의지가 있기에 금지 명령이 주어진 것이다. 동물에게는 일체의 명령이 주어지지 않는다. 동물에게는 진정한 의미의 자유가 없기 때문이다.[203]

하나님은 인간에게 자유를 주기 위해 스스로 자신을 제한하는 모험을 감행하셨다. 선악과 이야기는 인간이 자신을 창조하신 하나님을 배반할 수 있을 정도의 높은 자유까지 가지고 있다는 것을 보여준다. 낙원에서의 사람은 죄를 짓지 못하도록 창조된 것이 아니라, 노력 여하에 따라 죄를 짓지 않을 수 있도록 지음 받았다.

선악과: 하나님의 먹이심 혹은 인간의 먹음

사람들은 종종 왜 하나님이 선악과를 만들어 놓으셔서 인간을 시험에 빠지게 하는가 하고 불평을 일삼는다. 아예 만들지 않았다면 그렇게 죄에 빠질 일도 없었을 것이라는 논리를 편다. 하지만 하나님의 말씀은 단호하다.

> 13 사람이 시험을 받을 때에 내가 하나님께 시험을 받는다 하지 말지니 하나님은 악에게 시험을 받지도 아니하시고 친히 아무도 시험하지 아니하시느니라 14 오직 각 사람이 시험을 받는 것은 자기 욕심에 끌려 미혹됨이니 _야고보서 1:13~14

선악과는 하나님이 억지로 먹이신 것이 아니다. 하나님이 의도적으로 먹게 하신 것도 아니다. 사람이 자신의 자유의지로 먹은 것이다. 자기 욕심에 미혹되어 하나님이 딱 하나 금하신 선악과를 먹은 것이다. 항상 사람들은 자신이 죄를 범하고 하나님을 탓한다. 하나님은 항상 억울하시다.

오늘의 선악과: 하나님과 같이 되어

오늘도 선악과는 여전히 우리 안에 존재한다. 하나님으로부터 벗어나서 스스로 하나님이 되고 싶은 충동이 우리 안의 선악과다. '인간이 하나님처럼 된다'는 것은 인간이 하나님으로부터 분리됨을 의미한다. 즉 인간이 하나님께 대한 의존 관계에서 벗어나 자신의 의지대로 독립하게 됨을 말한다. 이것은 인간의 교만hybris이며, 인간 스스로 하나님의 피조물임을 거부하는 것이다.

이는 인간을 신적인 위치에 올려놓으려는 '자기 절대화', '자기 신격화'의 선언이다. 인간이 신적인 존재가 되려는 것이다Homo Deus. 피조물로서의 자신을 망각한 행동이다. 피조물로서의 인간의 한계를 벗어나려는 시도가 바로 죄의 본질이다. 인간이 '의존자'임을 망각하고 스스로가 '자존자'가 되려는 욕망이 죄의 본질이다. 인간과 하나님 사이에 존재해야 하는 관계를 파괴하고 하나님으로부터 이탈하려는 욕망의 시도, 이것이 인간의 죄악이며 타락이다.[204]

사람은 하나님이 될 수도 없고, 하나님이 될 필요도 없다. 사람은 사람일 때가 가장 아름답다. 사람은 하나님의 피조물이고, 하나님은 사람의 창조주이시다. 이를 믿고 하나님의 품 안에 거할 때 가장 행복하고, 가장 아름다운 삶을 살 수 있다. “하나님께 가까이 함이 내게 복이라”시 73:28.

우리에게 자유를 주신 하나님,

그 자유를 잘 선용하고,

하나님과 같이 되려는 교만은 버리게 하소서.

32

인간의 시간은 유한한데, 이 유한한 시간을 살아가는 인간에게 주어진 숙제는 무엇일까요?

시간: '몸의 시간'에서 '마음의 시간'으로(전 3:11)

크로노스물리적 시간와 카이로스심리적 시간

서양 사람들은 시간을 '크로노스'cronos라고 부른다. 그리스 신화에서 크로노스는 자기 자식을 낳는 대로 잡아먹는 끔찍한 신이다. 크로노스의 시간은 단지 흘러가고 마는 것, 그래서 값어치 없는 것, 허무하기 짝이 없는 것이 되고 만다.[205] 이러한 크로노스의 시간을 '물리적 시간'이라고 한다. 크로노스의 시간은 '의미 없이 흘러가는 시간'이다.

그런데 아우구스티누스기원후 354~430년는 하나님의 시간인 영원과 같은 시간, 즉 흘러가 버리거나 사라지지 않고, 과거와 미래가 모두 현재 안에 존재하는 시간을 우리의 마음 안에서 찾아냈다. 우리의 '몸'은 어쩔 수 없이 '물리적 시간'을 살지만, 우리의 '마음'은 이와는 전혀 다른 시간을 살 수 있다는 것이다. 이러한 시간을 서양 사람들은 보통 '카이로스'kairos라고 한다. 카이로스의 시간은 '심리적 시간'이라고 부른다.[206] 카이로스의 시간은 '의미 있는 결정적 시간'이다. 즉 충만한 시간, 기회라고도 한다. 시간에는 크로노스라는 물리적 시간과 카이로스라는 심리적 시간이 있다.

몸의 시간에서 마음의 시간으로

크로노스는 '우리가 경험하는 자연의 시간'이고, 카이로스는 '하나님을 경험하는 시간'이라고 할 수 있다. 물리적 시간으로 자기 삶과 세계를 파악하는 관점에서 심리적 시간의 관점으로 바꾸는 것이 필요하다. 이는 인간의 관점에서 하나님의 관점으로 바꾸는 일종의 패러다임의 전환이다. 이것이 기독교에서 말하는 메타노이아metanoia, 즉 회심이다.[207]

우리는 '물리적 시간관'몸의 시간이 아니라, '심리적 시간관'마음의 시간을 가지고 살아야 한다. 즉 시간은 '매 순간 상처를 입히고 마지막에는 죽이는' 시간물리적 시간이 아니라, 오히려 '매 순간 새로이 태어나게 하고 마지막에는 구원하는' 시간심리적 시간이다.[208]

몸의 허무, 무의미, 불안 → 마음의 의미, 가치, 희망으로

우리의 마음이 '물리적 시간'을 살 때, 삶은 사라진 '과거' 때문에 '허무'하고, 사라지고 말 '현재' 때문에 '무의미'하며, 올지 안 올지 모르는 '미래' 때문에 '불안'하다. 그래서 존재보다는 존재물에 집착하게 되고, 결국 세속적/탐욕적/쾌락적이 된다.

하지만 우리 마음이 '심리적 시간'을 살 때, 우리의 삶은 현재와 연결된 과거와 미래로 인해 '의미'와 '가치' 그리고 '희망'으로 충만하고 풍요로워진다. 그래서 '존재물보다는 존재'에, '세상보다는 하나님의 나라'에 관심을 갖게 되고, '하나님과 함께하는 삶'을 살게 된다.[209]

마음의 시간[하나님의 시간]으로 보면, 모든 때[카이로스]는 아름답다

전도서 3장 1절에 따르면 "범사에 '기한'[제만, 크로노스]이 있고, 천하만사가 다 '때'[에트, 카이로스]가 있나니"라고 한다. 여기서 '기한'은 '물리적 시간'이고, '때'는 '심리적 시간'이다. 전도서 3장 2~8절에 언급된 '때'는 모두 카이로스이며, 심리적 시간을 가리킨다. 이 단락의 총 7절에 걸쳐, 각 절마다 4가지 '때'[카이로스]를 언급한다.

> 2 **날 때**가 있고 **죽을 때**가 있고
> **심을 때**가 있고 심은 것을 **뽑을 때**가 있으며
> 3 **죽일 때**가 있고 **치료할 때**가 있으며

헐 때가 있고 **세울 때**가 있으며
4 **울 때**가 있고 **웃을 때**가 있으며
슬퍼할 때가 있고 **춤출 때**가 있으며
5 **돌을 던져 버릴 때**가 있고 **돌을 거둘 때**가 있으며
안을 때가 있고 안는 **일을 멀리 할 때**가 있으며
6 **찾을 때**가 있고 **잃을 때**가 있으며
지킬 때가 있고 **버릴 때**가 있으며
7 **찢을 때**가 있고 **꿰맬 때**가 있으며
잠잠할 때가 있고 **말할 때**가 있으며
8 **사랑할 때**가 있고 **미워할 때**가 있으며
전쟁할 때가 있고 **평화할 때**가 있느니라 _전 3:2-8

구약성경에서 4라는 숫자는 '네 방향'을 의미하고, 7이라는 숫자는 '완전'을 의미한다. 4때×7절=28경우은 한 인간이 태어나면서 죽을 때까지 경험하는 모든 경우를 말한다. 전도자는 인간이 평생 경험하는 모든 때가 아름답다고 말한다.

하나님이 모든 것을 지으시되 **때**카이로스를 따라 **아름답게** 하셨고
_전도서 3:11a

'우리의 눈'으로 볼 때, 즉 '몸의 시간'물리적 시간관으로 볼 때,
날 때는 좋아 보이고, 죽을 때는 나빠 보인다.
심을 때는 좋아 보이고, 뽑을 때는 나빠 보인다.

그러나 '하나님의 눈'으로 보면, 즉 '마음의 시간'심리적 시간관으로 보면,

날 때만 아름다운 것이 아니라, 죽을 때도 아름답다.

심을 때만 아름다운 것이 아니라, 뽑을 때도 아름답다.

하나님은 사람이 경험하는 모든 때를 나름대로 아름답게 만드셨다. 좋으면 좋은 대로 의미가 있고, 나쁘면 나쁜 대로 의미가 있다. 모든 때는 하나님의 주권과 섭리가 내재된 의미가 있는 때다. 모든 때는 아름다운 때다.

세월카이로스을 되사라

사도 바울은 "세월카이로스을 아끼라 때날들가 악하니라"엡 5:16고 권고한 적이 있다. '아끼라'엑사고라조는 헬라어 동사로 '구속하다' 혹은 '되사다'라는 뜻이다. 이는 '시간을 그것의 악한 속에서 되사라'는 호소다. 여기서 '시간'카이로스은 지나가는 모든 '기회'를 말한다.[210] 이 땅의 '날들'때이 대부분 악하게 흘러갈 수 있기 때문이다. 즉 '몸의 시간'날들은 악하게 흘러갈 수 있다.

이 말씀은 '마음의 시간'인 '세월'을 '몸의 시간'인 '날들'에서 '되사라'구속하다는 말이다. 몸의 시간에 팔린 마음의 시간을 되사야 한다. 몸의 지배에서 벗어나 마음이 중심이 되는 삶을 살라는 것이다. 이는 '시간을 바른 방향으로 사용하라'는 의미다. 세월을 아끼는 것은, '몸의 시간'이 아닌 '마음의 시간'으로 사는 것이다.

모든 때가 아름다운 때이며, 기회임을 놓치지 말고, 이를 인식하고, 누리고 살라는 것이다. 이런 삶이 지혜로운 삶이다.

조금만 삶의 속도를 늦추면

현대인의 병 가운데 하나가 조급증이다.

> 조급증은 쉬지 못하는 내면의 상태다. 즉 현재를 공허하고, 부질없고, 의미 없는 것으로 경험하는 내면의 상태다. 지금 바로 이 순간을 가급적 빨리 벗어나고 싶어 하는 욕망이다.[211]

> 더 많은 것을 획득하기 위해 몸부림치는 것이 삶이라고 정의하는 사람들은 절대로 삶의 속도를 늦추지 못한다. 왜냐하면 그들은 늘 가진 것이 부족하다고 느끼기 때문이다.[212]

우리가 하나님의 백성으로 좀 더 느리게 살면서 하나님의 풍성한 선하심과 그분이 허락하신 생명의 부요함을 맛보고자 한다면, 우리 마음속에 깊이 자리한 조급증에 대해 심각하게 고민해 볼 필요가 있다.[213] 사실 깨닫고 보면, 현재는 공허한 것이 아니라 하나님의 은혜로 가득 찬 것이다. 하나님은 우리의 모든 때를 아름답게 만드셨다!

우리는 목적에 충실하게 움직이면서도 서두르지 않기를 힘써야 한다. 우리는 시간 속에서 일하지만몸의 시간 동시에 시간에 제한

받지 않으시는 하나님을 섬기므로[마음의 시간], 가족과 이웃의 이야기를 귀담아 듣는 자세를 잃지 않아야 한다. 인생의 길은 멈춰야 할 때도 있고, 다시 시작해야 할 때도 있으며, 걷거나 뛰고 잠시 숨을 고르며 기다려야 할 때도 있다. 조금만 속도를 늦추면 소중한 것들을 놓치지 않고, 그 안에서 하나님이 주신 아름다운 때를 더 많이 경험할 것이다.

질문 지혜로운 시간 활용법:

하나님과 시간을 보내는 것, 서로 시간을 보내는 것, 특히 가족과 시간을 보내는 것, 그리고 자기 자신과 시간을 보내는 것이다. 단순히 시간을 보내는 것이 아니라, 아주 오랜 시간을 함께 보내는 것이다.

시간을 창조하신 하나님
우리에게 모든 때를 아름답게 선물해 주시니 감사합니다.
조급하지 않게, 사랑하며 시간을 쓰는 우리가 되게 하소서.

33

불확실성이 지배하는 세상은 광야처럼 느껴지는데, 성경은 광야를 어떻게 묘사하나요?

광야: 하늘 양식인 만나(시 78:19~20, 24~25)

홍해의 기적 이후, 광야는 필수 코스

이스라엘 백성은 이집트를 기적적으로 탈출하는 데 성공한다. 그런데 이스라엘의 눈 앞에 펼쳐진 세상은 약속의 땅, 가나안이 아니었다. 거칠고 황량한 광야였다.

광야는 위험하고 곤고한 땅이다. 돌, 모래, 바람, 먼지, 더위, 추위가 생명을 위협하는 곳이다. 물과 음식을 찾기 힘들고, 밤이면 맹수들이 눈에 불을 켜고 사냥하러 다니는 곳이다. 언제 전갈과 뱀이 독을 머금고 달려들지 모르는 곳이기도 하다. 한낮에 뜨거운 태양이 사라지면 무서운 추위가 찾아온다. 여름철에는 일교차가 30

도를 오르내린다. 그래서 광야로 나갈 때면 한낮의 무더위와 바람을 막아줄 옷과 한밤의 매서운 추위를 이겨낼 외투를 걸쳐야 할 정도이다.[214] 구원 이후의 현실은 젖과 꿀이 흐르는 가나안이 아니라 냉혹한 광야였다.

억압의 땅 이집트를 나와서 약속의 땅 가나안까지 이르는 경로에는 광야가 자리하고 있다. 광야를 지나야 가나안에 도달할 수 있다. 광야는 어차피, 반드시 통과해야 할 인생의 필수 코스다. 인생의 광야가 생략된 인생은 없다. 누구에게나 광야는 있다. 문제는 광야를 거치는 기간의 문제다. 하나님에 대한 절대 믿음으로 그 기간을 단축할 것인가? 아니면 불신과 탐욕으로 40년의 기간을 다 채울 것인가? 광야의 복무는 '조기 제대'냐 '만기 제대'냐의 문제다.

광야의 불평

이스라엘 백성이 이집트의 종살이에서 벗어나고 홍해의 벽을 넘어서, 맨 처음 발을 들여놓은 곳은 수르 광야였다.

> 모세가 홍해에서 이스라엘을 인도하매 그들이 나와서 수르 광야로 들어가서 거기서 사흘길을 걸었으나 물을 얻지 못하고 _출애굽기 15:22

그러나 홍해의 기적으로 인한 승리의 감격도 오래가지는 못했다. 그 감격과 감동은 광야에서 삼일동안 물을 먹지 못하자 이내 불평으로 바뀌었다. 마라에 이르러 오아시스를 발견했지만 전혀 먹을 수 없는 쓴 물이었다. 백성들은 결국 모세에게 원망을 퍼부었다. 모세는 하나님께 부르짖었다. 하나님은 기적적으로 쓴물을 단물로 바꾸어주셨다. 이 사건이 광야에서의 최초의 불평 사건이다. 이후에도 광야를 40년 동안 헤매면서 불쑥불쑥 원망과 불평이 그치지 않았다. 하나님은 광야의 백성을 끊임없이 용서하시면서도 볼멘소리를 숨기지 않으신다.

> 내 영광과 애굽과 광야에서 행한 내 이적을 보고서도 이같이 열 번이나 나를 시험하고 내 목소리를 청종하지 아니한 그 사람들은 _민수기 14:22

하나님도 뒤끝이 있으시다. 백성의 불평을 일일이 세고 계신다. 그 이후에도 광야에서 이스라엘의 불평은 그칠 줄 몰랐다.

> 나를 원망하는 이 악한 회중에게 내가 어느 때까지 참으랴 이스라엘 자손이 나를 향하여 원망하는 바 그 원망하는 말을 내가 들었노라 _민수기 14:27

이스라엘의 광야는 불만과 원망이 충만한 곳이었다.

광야의 이중적 모습: 결핍과 친밀

출애굽기와 민수기에 나타난 광야는 '결핍의 장소'였다. 물과 양식의 결핍으로 불평이 매우 심했던 곳이다. 그러나 후대 예언자 예레미야는 광야를 하나님과 매우 친밀했던 곳으로 해석한다.

내가 너를 위하여
네 청년 때의 인애와
네 신혼 때의 사랑을 기억하노니
곧 씨 뿌리지 못하는 땅,
그 광야에서 나를 따랐음이니라 _예레미야 2:2

예레미야는 광야 시절을 하나님과 신혼을 즐기던 '허니문 기간'이었다고 한다. 광야는 마실 물도, 음식도 부족하고, 매우 열악한 환경이었지만, 불기둥과 구름기둥으로 인도하시는 하나님만 바라보는 곳이었다. 사람의 힘만으로 도무지 살아갈 수 없는 환경에 처해 있을 때, 하나님의 은혜가 더 크게 역사했다.[215] 우리 하나님은 약할 때 강함을 주시는 분이다.

9 나에게 이르시기를 내 은혜가 네게 족하도다 이는 내 능력이 약한 데서 온전하여짐이라 하신지라 그러므로 도리어 크게 기뻐함으로 나의 여러 약한 것들에 대하여 자랑하리니 이는 그리스도의 능력이 내게 머물게 하려 함이라
10 그러므로 내가 그리스도를 위하여 약한 것들과 능욕과 궁핍과 박해와 곤고를 기뻐하노니 이는 내가 약한 그 때에 강함이라 _고린도후서 12:9~10

인생의 광야는 결핍 속에서도 친밀을 누릴 수 있는 곳이다.

광야의 식탁, 그 메뉴: 하늘 양식

이스라엘 백성이 광야를 지나던 시절을 기억하며 그 역사를 회고하는 한 시인의 고백이 있다. 시인은 광야 백성의 볼멘소리를 복기한다.

> 19 하나님을 대적하여 말하기를
> 하나님이 광야에서 식탁을 베푸실 수 있으랴
> 20 보라 그가 반석을 쳐서 물을 내시니 시내가 넘쳤으나
> 그가 능히 떡도 주시며
> 자기 백성을 위하여 고기도 예비하시랴 하였도다 _시편 78:19~20

하나님이 반석을 쳐서 물은 주셨지만, 사람이 물만 먹고 사는 것이 아니지 않은가? 하나님이 이러한 광야에서 물뿐만 아니라 밥과 고기도 줄 수 있는가? 하며 하나님의 능력을 의심한다.

이에 대해 시인이 팩트를 체크해준다.

> 24 그들에게 만나를 비 같이 내려 먹이시며
> 하늘 양식을 그들에게 주셨나니
> 25 사람이 힘센 자의 떡을 먹었으며
> 그가 음식을 그들에게 충족히 주셨도다 _시편 78:24~25

하나님은 '하늘 양식'인 만나를 비같이 내려 먹이셨다. '힘센 자의 떡'이란, '천상의 존재들의 음식'이며, '최고급의 메뉴'를 가리킨다. 그것도 충족히 주셨다. 양과 질이 모두 최고였다. 광야의 식탁 메뉴는 하늘 양식인 만나였다.

> 이스라엘 족속이 그 이름을 만나라 하였으며 깟씨 같이 희고 맛은 꿀 섞은 과자 같았더라 _출애굽기 16:31

하나님은 이스라엘 자손에게 40년 동안 하늘 양식인 만나를 공급하셨다.

> 사람이 사는 땅에 이르기까지 이스라엘 자손이 사십 년 동안 만나를 먹었으니 곧 가나안 땅 접경에 이르기까지 그들이 만나를 먹었더라 _출애굽기 16:35

'광야'는 히브리어로 '미드바르'다. '드바르'는 '말씀'word 혹은 '사건'event이라는 뜻이다. 광야는 말씀과 사건이 숨어 있는 곳이다. 광야는 그동안 바쁜 일상의 소음으로 듣지 못했던 하나님의 말씀을 듣는 곳이다. 하나님이 '세미한 소리'로 속삭이는 곳이다. 새로운 사건을 지시받은 곳이다. 그래서 세례 요한도, 예수님도, 바울도 광야를 통과하고 사역을 시작한다.

하나님은 자신의 보물을 광야의 어둠 속에 숨겨두신다. 아무리 찬란한 별도 밤이 되기 전에는 보이지 않는다. 우리는 인생의

어느 시점, 아마도 광야에서 하나님의 보물을 보게 될 것이다.[216]

우리에게 양식을 주시는 하나님,

인생의 광야에서 불평과 불만만 쏟아부을 것이 아니라,

그 안에 숨어있는 하늘의 양식을 만나게 하소서.

34

성을 성경적 관점으로 바라보고 성경적으로 누리려면 어떻게 해야 할까요?

성(性), 성경적으로 누리는 법: 하나님의 통제를 받는 성(잠 5:18~19)

성적인 존재인 인간

성경은 이성의 기원을 아담의 갈빗대에서 하와가 탄생했다고 설명한다.

> 여호와 하나님이 아담을 깊이 잠들게 하시니 잠들매 그가 그 갈빗대 하나를 취하고 살로 대신 채우시고 _창세기 2:21

이 이야기는 남성과 여성의 '본질적 일체성'을 말한다. 남성과 여성은 본래 한 몸이었다. 동시에 이 이야기는 남성과 여성의 '성적 이끌림'을 말한다. 남성과 여성은 서로 성적으로 하나가 되고 싶은 본능을 지닌 존재다.

인간은 영성spirituality과 정신mentality만을 지닌 존재가 아니라, 육체carnality와 성sexuality도 함께 지닌 존재다. 특히 성을 지닌 존재라 함은, 인간이 이성을 원하며 동시에 이성을 필요로 하는 '성욕을 가진 의존적 존재'임을 말한다.[224] 그래서 성적 욕망 자체는 불결하거나 추하거나 악한 것이 아니라 자연스럽고, 선하고 유익하며 하나님이 주신 선물이다. 성은 좋은 것이요 하나님의 선물이다.

부부간의 성은 아름답고 즐겁고 감사한 것이다

인류의 첫 사람 아담이 최초로 터뜨린 말들은 사랑의 노래였다.

> 아담이 이르되
> '이는'조트 내 뼈 중의 뼈요 살 중의 살이라
> '이것을'조트 남자에게서 취하였은즉
> '이를'조트, 우리 성경에는 생략됨 여자라 부르리라 하니라 _창세기 2:23

여기서 세 번 언급되는 '이는', '이것을', '이를'은 같은 단어조트로서 세 번 반복된 황홀한 외침이다.[225] 이 노래는 역사상 최초의 사랑의 시다. 이어서 하나님의 주례사가 울려 퍼진다.

24 이러므로 남자가 부모를 떠나 그의 아내와베: in 합하여다바크 둘이
한 몸을 이룰지로다 25 아담과 그의 아내 두 사람이 벌거벗었으나 부
끄러워하지 아니하니라 _창세기 2:24~25

이 주례사는 사랑의 관계가 혈연관계보다 더 강함을 말해준다. 사랑이 피보다 진하다. 친부모와의 결속보다 강한 것이 하나님이 짝지어주신 부부관계다. 부모는 일촌관계이고, 부부는 무촌관계이다. 일순위부모와 영순위부부 어디가 더 가까운가?

"아내와 합하여"라는 표현에서 '와'는 히브리어 '베'in이고, '합하여'는 '다바크'껌딱지 같이 달라붙다이다. 그래서 부부가 헤어지면, '떨어진다'라고 말하지 않고 '찢어진다'라고 한다. 서로에게 씻을 수 없는 큰 상처를 남긴다. 아내의 몸 안에서 남편과 아내가 껌딱지 같이 완전히 달라붙어 한 몸이 되는 상황을 그려준다. 부부 사이는 벌거벗고도 전혀 부끄럽지 않다. 그만큼 상호 무제한적으로 신뢰하는 관계다. 그래서 아가의 저자는 사랑은 죽음 같이 강하다고 노래한다.

너는 나를 도장 같이 마음에 품고 도장 같이 팔에 두라
사랑은 죽음 같이 강하고
질투는 스올 같이 잔인하며 불길 같이 일어나니
그 기세가 여호와의 불과 같으니라 _아가 8:6

아담이 하와를 만나면서 외친 이 고백과 하나님의 주례사는

성이란 것이 아름답고 즐겁고 감사한 것임을 노래한다. 성을 타락의 원인 또는 결과로 보면서 성을 죄악시하는 것은 성에 대한 오해다.[226] 타락한 성이 문제다. 원래창조 질서의 성은 선한 것이다. 성은 아름답고 즐겁고 감사한 것이다.

성은 사랑의 일치를 확인하는 수단이자 친교의 과정이다

그런데 성은 상대방의 동의와 배려를 통해서만 의미가 있다. 부부간의 성은 상대를 배려함에서 출발한다. 상호주의 원칙에서 성관계는 이루어진다.

> 3 남편은 그 아내에 대한 의무를 다하고 아내도 그 남편에게 그렇게 할지라 4 아내는 자기 몸을 주장하지 못하고 오직 그 남편이 하며 남편도 그와 같이 자기 몸을 주장하지 못하고 오직 그 아내가 하나니
>
> _고린도전서 7:3~4

따라서 부부 사이에서도 강제적인 성적 관계는 옳지 않다. 20세기 최고의 신학자인 칼 바르트K.Barth는 "공존 없는 성관계는 악마적인 일이다"라고 말한 적이 있다.[227] 상대방을 인격이 아닌 자신의 욕망을 채우려는 수단으로 대할 때 성은 하나님의 선물이 아니라 억압의 수단이 된다. 상호합의에 의한 부부간의 사랑 나눔은 친교와 즐거움의 순간이다.

18 네 샘으로 복되게 하라
네가 젊어서 취한 아내를 즐거워하라
19 그는 사랑스러운 암사슴 같고 아름다운 암노루 같으니
너는 그의 품을 항상 족하게 여기며
그의 사랑을 항상 연모하라 _잠언 5:18~19

이 구절은 부부간에 누리는 성적인 친밀감을 표현해주고 있다. 앞선 15절은 아내를 생명을 주는 물의 근원이라고 부른다.

너는 네 우물에서 물을 마시며
네 샘에서 흐르는 물을 마시라 _잠언 5:15

여기서는 성적 욕구를 실현하고 즐거움을 주는 샘이라는 의미를 보탠다. 여기서 "아내를 즐거워하라"라는 표현은 "아내와 함께 즐거워하라"라는 뜻이다. 부부간에 나누는 성적인 즐거움은 일방적이어서는 안 된다. 반드시 쌍방적이어야 한다. '이기적인 즐김'이 아니라 '공동의 즐김'이 되어야 한다.[228] 따라서 신앙생활과 성생활은 반비례하지 않는다.

성적 충동은 적절히 통제되어야 한다

성적 욕망 자체는 자연스럽고, 선하고 유익하며 하나님이 주신 선물이다. 하지만 '선물'Gabe에는 반드시 '과제'Aufgabe가 따른

다. 성에도 적절한 통제가 필요하다.

> 나는 너희에게 이르노니 음욕을 품고 여자를 보는 자마다 마음에 이미 간음하였느니라 _마태복음 5:28

예수님의 이 말씀은 성적 욕망 자체를 책망하는 것이 아니다. 성적 충동조차 금하는 것은 아니다. 최초의 성적 충동에 이어지는 응시와 음욕에 가득 찬 상상을 금하는 것이다.[229] 남성과 여성 간의 이성적 호감과 성적 이끌림은 자연스러운 것이고 건강한 것이다. 이성에게 눈이 돌아가는 것은 자연스러운 것이다. 이 지점까지는 전혀 문제가 되지 않는다. 하지만 돌아간 눈을 제시간에 돌려놓지 못하면 문제다. 성경을 보면, '혼전 순결'보다 '혼후 순결'에 대한 명령이 대부분이다. 성의 순결은 '혼전'뿐만 아니라 '혼후'에도 매우 중요하다.

> 누구든지 남의 아내와 간음하는 자 곧 그의 이웃의 아내와 간음하는 자는 그 간부와 음부를 반드시 죽일지니라 _레위기 20:10

인간의 성적 욕망은 인간 본성의 자연스러운 한 부분이다. 욕구는 본능적이고 감정적이지만, 지성과 의지의 통제를 받아야 건전해진다. 성적 욕망은 적절히 통제될 때만, 아름답고 건강한 것이다.

성적 관계가 부부관계의 전부는 아니다

하나님은 사람이 혼자 사는 것이 좋지 않다고 판단하시고 돕는 배필을 만들기로 작정하셨다.

> 여호와 하나님이 이르시되 사람이 혼자 사는 것이 좋지 아니하니 내가 그를 위하여 돕는 배필을 지으리라 하시니라 _창세기 2:18

하나님은 먼저 동물들 가운데서 아담의 배필을 찾으셨다.

> 아담이 모든 가축과 공중의 새와 들의 모든 짐승에게 이름을 주니라 아담이에게 돕는 배필이 없으므로 _창세기 2:20

돕는 배필의 본질적 목적은 '친밀감'이었다. 그래서 하나님은 아담의 돕는 배필을 원래 동물가운데서 찾으려고 하신 것이다. 부부관계의 더 근원적인 부분은 성적인 관계를 넘어선 친밀감이다. 성적인 관계가 부부관계에서 매우 중요한 요소이긴 하다. 하지만 이것이 부부관계의 전부는 아니다. 성적인 관계가 불가능한 상태에서도 부부관계는 얼마든지 지속할 수 있다. 친밀감이 최우선적 관계이다. 성性도 부부간에 친밀감을 나누는 방법의 하나일 뿐이다. 부부는 성을 위해서 존재하는 것이 아니다. 상호 친밀감을 위해서 존재한다.

부부라는 울타리 안에서 하나님이 선물로 주신 성을 건강하게 나눌 수 있을 때 즐겁게 나누고, 육체적 친밀감뿐만 아니라, 영적이고 정신적이고 정서적인 친밀감을 충분히 교감하는 복된 부부가 되기를 바란다. 성은 하나님의 울타리 안에서만 즐겁고 건강한 선물로 기능한다. 하나님의 통제를 받는 성이 최고의 성이다.

성의 복을 주신 하나님,
하나님의 통제 아래서,
성의 복을 건강하게 누리게 하소서.

35

사람은 마음을 투시할 수 없는데 하나님은 마음을 보신다니, 어떻게 이해해야 할까요?

외모지상주의: 외모보다 마음을 보시는 하나님(삼상 16:7)

이스라엘의 초대 왕이었던 사울은 하나님의 말씀에 불순종해 폐위된다. 사울에게 기름을 부어 왕으로 세웠던 '킹 메이커'king maker인 사무엘은 자신이 세운 사울 왕을 폐위하는 '킹 브레이커'king breaker가 된다.

> 사무엘이 사울에게 이르되 나는 왕과 함께 돌아가지 아니하리니 이는 왕이 여호와의 말씀을 버렸으므로 여호와께서 왕을 버려 이스라엘 왕이 되지 못하게 하셨음이니이다 하고 _사무엘상 15:26

이제 이스라엘에 새로운 왕을 세우는 위험한 일이 비밀리에

진행된다.

사무엘이 이르되 내가 어찌 갈 수 있으리이까 사울이 들으면 나를 죽이리이다 하니 여호와께서 이르시되 너는 암송아지를 끌고 가서 말하기를 내가 여호와께 제사를 드리러 왔다 하고 _사무엘상 16:2

기존의 왕이 건재한데, 다른 사람을 왕으로 기름을 붓는다는 것은 매우 위험한 일이다. 게다가 사울은 곳곳에 첩보원을 세워 놓았다.

어떤 사람이 사울에게 전하여 이르되 다윗이 라마 나욧에 있더이다 하매 _사무엘상 19:19

사울이 다윗과 그와 함께 있는 사람들이 나타났다 함을 들으니라 그 때에 사울이 기브아 높은 곳에서 손에 단창을 들고 에셀 나무 아래에 앉았고 모든 신하들은 그의 곁에 섰더니 _사무엘상 22:6

그런데도 하나님은 사무엘에게 유다 지파의 땅 베들레헴에 가서 이새의 아들 중에서 한 왕을 세우라고 명령하신다.

여호와께서 사무엘에게 이르시되 내가 이미 사울을 버려 이스라엘 왕이 되지 못하게 하였거늘 네가 그를 위하여 언제까지 슬퍼하겠느냐 너는 뿔에 기름을 채워 가지고 가라 내가 너를 베들레헴 사람 이

새에게로 보내리니 이는 내가 그의 아들 중에서 한 왕을 보았느니라 하시는지라 _사무엘상 16:1

사무엘은 베들레헴에 이르러 이새와 그의 아들들을 의도적으로 제사에 초청한다. 이새는 일곱 명의 아들들을 데리고 제사에 참여했고, 사무엘은 한 사람씩 앞으로 지나가게 한다. 사무엘은 이새의 장자 엘리압"나의 하나님은 아버지이다"을 보자마자 탄성을 내지른다.

여호와의 기름 부으실 자가 과연 주님 앞에 있도다 _사무엘상 16:6

사무엘은 엘리압의 용모와 큰 키를 보고 왕의 그릇으로 생각한 것이다. 사무엘은 여전히 사울과 같이 외모가 출중하고 키가 큰 사람을 왕의 재목으로 생각하고 있다.

기스에게 아들이 있으니 그의 이름은 사울이요 준수한 소년이라 이스라엘 자손 중에 그보다 더 준수한 자가 없고 키는 모든 백성보다 어깨 위만큼 더 컸더라 _사무엘상 9:2

그러나 하나님의 생각은 달랐다.

여호와께서 사무엘에게 이르시되 그의 용모와 키를 보지 말라 내가 이미 그를 버렸노라 내가 보는 것은 사람과 같지 아니하니 사람은

외모를 보거니와 나 여호와는 중심을 보느니라 하시더라 _사무엘상 16:7

사무엘은 이새가 동반한 아들 일곱 명을 모두 보았지만, 그 가운데 왕으로 기름을 부을 자는 없었다. 사무엘은 이새에게 또 다른 아들이 있는지 물었다. 이새에게는 마음에 내키지 않는 막내 아들이 하나 더 있었다. 이새는 다음과 같이 말한다.

아직 막내작은 자가 남았는데, 그는 양을 지키나이다 _사무엘상 16:11

이 막내아들은 여덟 번째 아들로서 완전 숫자 일곱 밖에 있는 사람이다. 그는 분명 예외자였다. 이 여덟 번째 아들은 가장 어리고, 내세울 것도 없는 사람이었다. 그는 양을 치는 자였다. 고대 이스라엘에서 목동은 오늘날의 3D 업종이었다. 목동은 더럽고 냄새나는 직업이다. 당시 목축은 자급자족이 목적이었기 때문에 소규모였고 여자나 소년들이나 담당했다.

가정 내에서 기대를 받는 유망주는 당시의 첨단 산업인 농사를 짓거나 관직에 진출했다. 고대에서 농업은 최첨단 산업이었다. 목축과 달리 농업을 하려면 관개 시설 등 사회 간접 자본이 확보되어야 하고, 강우량을 예측하고 각종 병충해에 대비해야 하기 때문이다. 농업이 발달해야 왕이 도시를 건설할 수 있었다. 참고로 사울 왕은 농부 출신이었다.

마침 사울이 밭에서 소를 몰고 오다가 이르되 백성이 무슨 일로 우

느냐 하니 그들이 야베스 사람의 말을 전하니라 _사무엘상 11:5

이에 반해 다윗은 평생 부모 곁에서 잔심부름이나 하고 목축이나 할 정도의 인물로 여겨진 것이다. 다윗은 형들과 비교해 '작은 자'[막내]였다.

그러나 하나님의 눈은 이새가 외면한 작은 자 다윗에게 꽂혔다.

이에 사람을 보내어 그를 데려오매 그의 빛이 붉고 눈이 빼어나고 얼굴이 아름답더라 여호와께서 이르시되 이가 그니 일어나 기름을 부으라 하시는지라 _사무엘상 16:12

다윗은 외모보다 중심[마음]을 보시는 하나님의 눈에 들었다. 그런데 하나님의 마음에 든 다윗은 외모도 나쁘지 않았다.

그의 빛이 붉고 눈이 빼어나고[야페] 얼굴이 아름답더라 _토브

외모보다 중심을 보시는 하나님의 눈에도 외모가 전혀 무시되지는 않는다. 따라서 외모가 중요하지 않다는 말은 맞지 않는 것 같다. 외모'도' 중요하다. 다만 외모'만' 중시하는 외모지상주의가 잘못된 것이다. 외모도 중요하지만, 외모보다 더 중요한 것은 중심이다. 즉 마음이다.

그렇다면 외모보다 중요한 마음은 과연 무엇을 말하는 것일까? 하나님은 '당신의 마음에 맞는 사람'으로 다윗을 지목하셨다.

지금은 왕의 나라가 길지 못할 것이라 여호와께서 왕에게 명령하신 바를 왕이 지키지 아니하였으므로 여호와께서 **그의 마음에 맞는 사람**을 구하여 여호와께서 그를 그의 백성의 지도자로 삼으셨느니라 하고 _사무엘상 13:14

즉 다윗은 하나님의 마음에 합당한 사람이었다. 다윗의 어떤 모습이 하나님의 마음에 합당한 것으로 받아들여졌을까? 우리는 그 대답을 또 다른 본문에서 찾아본다.

다윗이 온 이스라엘을 다스려 다윗이 모든 백성에게 **정의**미쉬파트와 **공의**쩨다카를 행할새 _사무엘하 8:15

다윗은 모든 백성에게 '정의'미쉬파트와 '공의'쩨다카를 행하는 왕이었다. 다윗은 하나님이 원하시는 진정한 왕도王道의 길을 걸었던 자였다. 하나님의 마음에 합한 자는 정의와 공의를 행하는 자이다. 정의와 공의를 행하는 것은 약자들을 먼저 돌보는 것이다. 이는 진정한 왕도를 노래하는 제왕시에서도 발견할 수 있다.

1 하나님이여 주의 **판단력**미쉬파트을 왕에게 주시고
주의 **공의**쩨다카를 왕의 아들에게 주소서
2 그가 주의 백성을 **공의**쩨데크로 재판하며
주의 가난한 자를 **정의**미쉬파트로 재판하리니
4 그가 가난한 백성의 억울함을 풀어 주며

궁핍한 자의 자손을 구원하며 압박하는 자를 꺾으리로다

_시편 72:1~2, 4

사람은 다른 사람과 어울리며 살기에 외모도 중요하다. 하지만 외모보다 더 중요한 것은 중심, 즉 마음이다. 그 마음이 하나님의 마음에 합당해야 한다. 하나님의 마음에 합당한 마음은 나보다 약한 자를 먼저 의식하며 돌보는 것이다. 약자 돌봄이 외모보다 중요하다. 약자를 돌보는 모습이 가장 아름답다. 약자를 배려하는 마음이 또 다른 경쟁력이 아닐까.

외모보다 마음을 보시는 하나님,

우리가 하나님의 마음을 닮아,

주변의 약자를 돌보는 삶을 살게 하소서.

36

코로나19 팬데믹으로 온 세계가 몸살인데, 이 후유증에 대한 성경적 적용이 있을까요?

코로나 시대의 하나님(1): 내가 어찌 너를 놓겠느냐(호 11:8~9)

코로나19의 위기와 비관적 미래

2019년 12월 중국 후베이성 우한에서 신종 바이러스가 발병한 이후 2022년 1월 3일 현재 전 세계에서 290,832,610명이 확진되었고 그중 5,464,025명이 사망하였다. 어느 나라도 이 잔인한 바이러스의 불길을 잡지 못하고 우왕좌왕하고 있다.

전문가들의 예측은 우리를 더 우울하게 만든다. 백신 접종이 진행되고 있지만, 상당 기간 마스크를 쓰고 생활하며 전문가들은 코로나19의 백신이 개발되고 광범위하게 보급되려면 최대 몇 년 더 필요할 수도 있다고 한다. 더 비관적인 전문가는 이 바이러스는 변종이 심해서 백신 개발이 별 의미가 없을 것이라고도 한다. 어쩌면 인류는 두고두고 이 바이러스와 공생해야 할지도 모른다.[230] 코로나19와 평생을 함께한다? 상상만 해도 끔찍해진다.

코로나 블루 시대

우리나라는 코로나19시대 전 세계적으로 가장 방역에 성공한 K-방역의 나라로 손꼽힌다. 그럼에도 우리는 언제 끝날지 기약을 할 수 없어서 지치고, 피로감에 찌들고, 집단적인 우울감에 빠져들고 있다. 급기야 '코로나 블루'Corona Blue라는 용어도 생겼다. 코로나 블루는 코로나Corona와 우울증Blue의 합성어다. 한국 사회 자체가 병리 사회이기 때문에, 한국 사회는 오래전부터 집단 우울증을 이미 앓고 있다. 그런데 한국 사회의 기저질환인 집단 우울증에 코로나 블루라는 신종 우울증이 더해졌으니, 앞으로 이 후유증을 어찌 감당할 수 있을지 걱정이다.

우울감과 고통 중에 있는 당신의 백성을 향한 하나님의 마음은 어떠하실까? 우리는 예언자 호세아의 말씀을 통하여 하나님의 내심內心을 파고들어가 들여다볼 수 있다.

아버지이신 하나님

호세아는 야웨 하나님과 이스라엘의 관계를 '아버지와 아들'의 관계로 이해한다.

이스라엘이 어렸을 때에
내가 사랑하여
내 아들을 애굽에서 불러냈거늘 _호세아 11:1

야웨 하나님은 종살이하던 이스라엘을 사랑으로 이집트에서 불러내서 특별한 개인적 관계, 즉 아버지와 아들의 관계를 맺으셨다. 하나님은 아버지로서 아들 에브라임에게 걸음마를 가르쳐 주며, 팔로 안아주고 먹이고 입히면서 애정을 듬뿍 담아 지극 정성으로 돌보아 주셨다.

3 그러나 내가 에브라임에게 걸음을 가르치고
내 팔로 안았음에도
내가 그들을 고치는 줄을 그들은 알지 못하였도다
4 내가 사람의 줄 곧 사랑의 줄로 그들을 이끌었고
그들에게 대하여 그 목에서 멍에를 벗기는 자 같이 되었으며
그들 앞에 먹을 것을 두었노라 _호세아 11:3~4

그러나 아들은 아버지의 사랑을 계속해서 거절하며 자기의 길만 고집한다. 아버지 하나님의 사랑을 신뢰하지 않고 거절하고 거짓 주인인 바알을 뒤쫓아 간 것이다.

선지자들이 그들을 부를수록
그들은 점점 멀리하고

바알들에게 제사하며
아로새긴 우상 앞에서 분향하였느니라 _호세아 11:2

심판의 매를 드시는 아버지

결국 하나님은 당신의 사랑을 거듭해서 거절하는 에브라임에게 심판을 선고하실 수밖에 없었다.

5 그들은 애굽 땅으로 되돌아 가지 못하겠거늘
내게 돌아 오기를 싫어하니
앗수르 사람이 그 임금이 될 것이라
6 칼이 그들의 성읍들을 치며
빗장을 깨뜨려 없이하리니
이는 그들의 계책으로 말미암음이니라 _호세아 11:5~6

하나님은 에브라임과 맺은 특별한 관계를 청산하기로 하셨다. 하나님 아버지는 심판을 통해서라도 아들을 돌이키기 원하셨다. 하지만 아들의 배신은 돌이킬 줄 몰랐다.

내 백성이 끝끝내 내게서 물러가나니
비록 그들을 불러 위에 계신 이에게로 돌아오라 할지라도
일어나는 자가 하나도 없도다 _호세아 11:7

아들은 심판을 받아도 돌이킬 줄 모른다. 야웨 하나님과 에브라임의 관계는 이렇게 남남으로 영원히 결별하는가? 아버지와 아들의 관계는 이렇게 끝나고 마는가?

호세아는 아들을 향한 진노를 억누르는 아버지의 갈등을 적나라하게 묘사한다. 다음의 구절이 이를 잘 보여준다.

8 에브라임이여 내가 어찌 너를 놓겠느냐
이스라엘이여 내가 어찌 너를 버리겠느냐
내가 어찌 너를 아드마 같이 놓겠느냐
어찌 너를 스보임 같이 두겠느냐
내 마음이 내 속에서 돌이키어 나의 긍휼이 온전히 불붙듯 하도다
9 내가 나의 맹렬한 진노를 나타내지 아니하며
내가 다시는 에브라임을 멸하지 아니하리니
이는 내가 하나님이요 사람이 아님이라
네 가운데 있는 거룩한 이니 진노함으로 네게 임하지 아니하리라

_호세아 11:8~9

아드마와 스보임은 소돔과 고모라와 함께 야웨의 진노로 파괴되어 완전히 멸망한 성읍이다.

그 온 땅이 유황이 되며 소금이 되며 또 불에 타서 심지도 못하며 결실함도 없으며 거기에는 아무 풀도 나지 아니함이 옛적에 여호와께서 진노와 격분으로 멸하신 소돔과 고모라와 **아드마**와 **스보임**의 무

너짐과 같음을 보고 물을 것이요 _신명기 29:23

하나님은 아들 에브라임을 아드마와 스보임같이 차마 완전히 끝장낼 수 없다는 것이다.

진노와 긍휼의 충돌

아들은 아버지를 배반하고 버렸지만, 아버지는 아들을 포기할 수 없다. 그래서 아버지 하나님의 마음은 격정에 휩싸인다. 에브라임의 죄를 심판하려는 공의와 아들에 대한 변함없는 사랑이 격렬하게 충돌한다.

내 마음이 내 속에서 돌이키어
나의 긍휼이 온전히 불붙듯 하도다.
내가 나의 맹렬한 진노를 나타내지 아니하며
내가 다시는 에브라임을 멸하지 아니하리니. _호세아 11:8~9

하나님의 마음속에서 긍휼과 진노가 충돌한다. '내 마음이 내 속에서 돌이키어'에서 '돌이키다'하파크는 '집이나 성읍이 무너져 내리다'를 뜻한다.

그 온 땅이 유황이 되며 소금이 되며 또 불에 타서 심지도 못하며 결실함도 없으며 거기에는 아무 풀도 나지 아니함이 옛적에 여호와께서 진노와 격분으로 멸하신 소돔과 고모라와 아드마와 스보임의 **무너짐**하파크과 같음을 보고 물을 것이요 _신명기 29:23

'내 마음이 내 속에서 돌이키어'는 '내 마음이 무너져 내린다'라는 뜻이다. 하나님 아버지는 죄를 범한 에브라임이 무너져 내려서 아드마와 스보임처럼 완전히 멸망하는 대신, 차라리 자신의 마음이 무너져 내리는 방법을 택하신다. 아들을 살리고 자신을 죽이신 것이다. 결국 야웨 하나님의 사랑과 긍휼이 야웨의 공의와 진노를 억누르고 심판의 포기를 선언하게 만든다. 야웨 하나님의 일방적 사랑이 이스라엘을 이집트에서 아들로 부른 것처럼, 하나님의 긍휼이 심판결정을 되돌려 다시 시작할 수 있는 길을 열어준다.[231]

진노를 억누르는 아버지의 사랑

은혜를 배반했음에도 에브라임은 야웨 하나님에게 여전히 '내 백성'이고, '내 아들'이다. 야웨는 에브라임의 완악함에 심판으로 응답하시지만, 동시에 멸망의 길로 내달리는 당신의 아들에게 부성父性적 연민도 느끼신다. 에브라임이 심판을 통해 하나님께로 다시 돌아와 옛 관계를 회복할 것이라는 소망은 완전히 사라졌다. 에브라임은 마지막 기회마저 상실한다.

그러나 마지막 순간에 '극적 반전'이 이뤄진다. 에브라임은 야웨에게서 물러나고7절, 돌아오지 않지만5절, 야웨 하나님은 당신

아들에 대한 사랑에서 돌아서지 않으신다.[232] 그래서 하나님은 당신의 결정을 스스로 번복하고 조건 없이 에브라임의 구원을 선포하신다.[233]

사랑에 근거한 하나님의 구원 의지가 공의에 근거한 심판 의지를 이긴다. 아버지의 사랑이 심판을 압도한다. 사랑에 의한 아버지 하나님의 자기 포기가 우리를 죄와 죽음과 멸망의 고리에서 해방해준다. “내가 어찌 너를 놓겠느냐”라는 아버지의 사랑을 기억하는 사도 바울은 “하나님의 사랑에서 끊을 수 없으리라”롬 8:38~39고 확신한다.

패역한 에브라임을 향한 하나님의 진심, “내가 어찌 너를 놓겠느냐” 그 마음이 지금 느껴지는가? 코로나19의 시대에도 하나님 아버지는 당신의 자녀에 대한 사랑에서 여전히 돌아서지 않으신다.

아버지이신 하나님,
우리의 고집스러운 패역에도 불구하고,
우리를 놓지 않으시는 그 사랑,
우리에 대하여 돌이키지 않는 그 사랑을 감사합니다.
이제 그 사랑에 합당한 삶을 살게 하소서.

37

코로나와 같은 재난을 만나면 하나님부터 원망하는데, 재난 가운데 주님은 어떻게 역사하실까요?

코로나 시대의 하나님(2): 포로지에서도 함께 하시는 하나님(렘 29:4~7).

비극의 순간 나오는 반복되는 질문

인류 역사 내내 새로운 비극이 생길 때마다 나오는 질문이 있다. 하나님은 왜 이 사태를 내버려 두셨을까? 왜 개입해서 멈추지 않으셨을까?[234] 나사로의 죽음 사건에서 마르다와 마리아와 구경꾼들은 하나같이 나사로의 죽음이 사실상 예수님의 잘못이라고 말한다. 예수님이라면 얼마든지 죽음을 막으실 수 있었을 거라며 예수님을 원망한다. 마르다와 마리아가 원망하며 예수님께 말한다.

주께서 여기 계셨더라면 내 오라버니가 죽지 아니하였겠나이다
_요한복음 11:21, 32

당시 어떤 사람들은 예수님을 탓하며 "이 사람이 죽지 않게 무언가 할 수 없었던 말인가?"라며 혀를 찬다요 11:37. 세상이 힘들어지면, 어김없이 죄 없는 하나님이 소환된다. 하나님이 왜 이런 일을? 하나님은 뭐 하시나?

바빌로니아로 유배된 유대인: 배교, 절망, 광신

코로나19시대는 유다의 바빌로니아 유배시대 같다. 우리는 코로나19에 포로가 되어 끌려다니고 있다. 기원전 597년에 유다 왕국은 바빌로니아의 침공을 받아 여호야긴 왕과 더불어 수많은 고관대작, 고위층과 상류층 그리고 기술자들이 유배지로 잡혀갔다.

14 그가 또 예루살렘의 모든 백성과 모든 지도자와 모든 용사 만 명과 모
든 장인과 대장장이를 사로잡아 가매 비천한 자 외에는 그 땅에 남은
자가 없었더라 15 그가 여호야긴을 바벨론으로 사로잡아 가고 왕의 어
머니와 왕의 아내들과 내시들과 나라에 권세 있는 자도 예루살렘에서
바벨론으로 사로잡아 가고 16 또 용사 칠천 명과 장인과 대장장이 천 명
곧 용감하여 싸움을 할 만한 모든 자들을 바벨론 왕이 바벨론으로 사
로잡아 가고 17 바벨론 왕이 또 여호야긴의 숙부 맛다니야를 대신하여
왕으로 삼고 그의 이름을 고쳐 시드기야라 하였더라 _열왕기하 24:14~17

바빌로니아 포로지에서 예언자로 활동한 에스겔의 메시지에는 당시 바빌론에 유배된 유대인들의 다양한 반응이 담겨있다.

첫째, '배교'한 사람들이 있었다. 자신을 지켜주지 못한 야웨를 등지고 보다 강한 이방신들로 갈아타는 부류가 있었다.

인자야 이 사람들이 **자기 우상을 마음에 들이며 죄악의 걸림돌을 자기 앞에 두었으니** 그들이 내게 묻기를 내가 조금인들 용납하랴
_에스겔 14:3

둘째, '절망'한 사람들이 있었다. 지도자를 탓하기도 하고, 부모를 원망하기도 하면서 절망에 빠져서 헤어 나오지 못하는 부류가 있었다.

그런즉 인자야 너는 이스라엘 족속에게 이르기를 너희가 말하여 이르되 우리의 허물과 죄가 이미 우리에게 있어 우리로 그 가운데에서 쇠퇴하게 하니 **어찌 능히 살리요** 하거니와 _에스겔 33:10

셋째, '광신'에 몰입된 사람들이 있었다. 거짓 예언과 거짓 정보뉴스에 이성을 상실하고 맹목적이고 잘못된 믿음에 빠진 자들도 있었다.

9 그 선지자들이 **허탄한 묵시를 보며 거짓 것을 점쳤으니** 내 손이 그들을 쳐서 내 백성의 공회에 들어오지 못하게 하며 이스라엘 족속

의 호적에도 기록되지 못하게 하며 이스라엘 땅에도 들어가지 못하게 하리니 너희가 나를 여호와인 줄 알리라 10 이렇게 칠 것은 그들이 내 백성을 유혹하여 평강이 없으나 평강이 있다 함이라 어떤 사람이 담을 쌓을 때에 그들이 회칠을 하는도다 _에스겔 13:9~10

하나님의 섭리

바빌론으로 끌려온 대부분의 유대인은 삶의 열정과 방향을 상실한 상태로 살았던 것으로 보인다. 배교하고, 절망하고, 광신자가 되어 살았다. 하나님을 원망하고 희망을 상실했던 이러한 동족에게 예레미야는 한 통의 편지를 띄운다. 그 내용이 예레미야 29장이다. 이 편지는 다른 나라로 흩어진 유대인들에게 주어진 최초의 메시지다. 이 편지는 이후 전 세계에 흩어진 디아스포라 유대인들에게 여전히 하나님이 주신 사명으로 받아들여지고 있다. 이 편지의 핵심 구절 중 하나는 7절이다.

너는 내가 사로잡혀 가게 한 그 성읍의 평안을 구하고 그를 위하여 여호와께 기도하라 이는 그 성읍이 평안함으로 너희도 평안할 것임이라 _예레미야 29:7

당시 유대인들이 바빌론에 포로로 잡혀 온 것은 하나님께서 하신 일이었다는 것이다.

만군의 여호와 이스라엘의 하나님께서 예루살렘에서 바벨론으로 사로잡혀 가게 한 모든 포로에게 이와 같이 말씀하시니라

_예레미야 29:4

유대인들을 바빌론으로 사로잡혀 가게 한 것은 바로 야웨 하나님이시라는 것이다. 당신의 백성이 조국을 떠나 타국으로 유배된 것은 야웨 하나님의 '부재'도 아니고, '무능'도 아니고, '섭리'에 의한 것이라는 사실을 강조한다. "내가 너희를 유배지로 보냈다"라는 사실이 두 번이나 반복된다[4절과 7절].

포로지도 하나님이 동행하는 사명의 자리

이어서 예레미야는 포로지에서 바빌론의 평안을 위해 기도하라고 권면한다. 당시 사고에 따르면, 나라마다 고유의 신들이 통치하고 있었다. 타국은 타국의 신이 다스리는 곳이다. 바빌로니아도 마르둑이라는 강력한 신을 숭배하고 있었다. 그래서 다른 나라의 영토는 부정한 땅으로 간주했다. 포로로 잡혀 온 유대인의 입장에서 당연히 바빌론은 야웨가 안 계시는 부정한 땅이다.

그런데 예레미야는 부정한 땅임에도 그곳에서 야웨 하나님께 기도하라고 한다. 이러한 권고는 야웨 하나님이 포로지에 함께 계심을 전제한다. 이 당시 바빌론에서 활동한 에스겔 예언자는 바빌론 지역에 야웨 하나님이 일시적인 '이동 성소'를 세웠다고 명백하게 말한다.

그런즉 너는 말하기를 주 여호와의 말씀에 내가 비록 그들을 멀리 이방인 가운데로 쫓아내어 여러 나라에 흩었으나 그들이 도달한 나라들에서 **내가 잠깐 그들에게 성소가 되리라** 하셨다 하고 _에스겔 11:16

포로민 유대인들에게 야웨 하나님은 'no-where'아무 데도 없는 분로 보였다. no-where는 사전적 의미로, '아무 데도', '온데간데없이'라는 뜻이다. 그러나 야웨 하나님은 'now-here'지금-여기에 계신 분이다. 끊어 읽기를 달리하면 전혀 다른 의미가 된다. 예레미야는 no-where를 now-here로 재해석한다. 예레미야의 예언적 상상력에 따르면, 포로지는 '우연의 자리'가 아니고 '섭리의 자리'다. 바빌론 사람들은 투쟁과 퇴치의 대상이 아니고 품고 기도해야 할 중보의 대상이다. 바빌론은 '유배지'가 아니라 '선교지'이고, 유대인들은 '유배자'가 아니라 '선교사'였다. 그렇다면 현재 '서 있는 장소'보다 '서 있는 사람의 태도'가 더 결정적이다.

바이러스의 위기 안에 계시는 하나님

하나님이 코로나19를 직접 일으키신 분이라고는 상상할 수 없다. 하나님이 세월호 참사를 일으키신 분이 아니듯 말이다. 우리 하나님은 어른들을 회개하도록 하기 위해 어린이들 304명의 생명을 희생 제물로 만드시는 분이 아니시다. 그러나 복음의 하나님이 코로나19 바이러스로 말미암은 위기 안에, 그 바이러스와 함께, 그 바이러스 아래 계심을 신뢰할 수는 있다. 종종 그러시듯이, 우리 하나님은 인간의 교만을 멈추고, 오만을 억제하는 어려운 작업을 위해 '감추어진 방법'으로 이 위기의 한가운데 계실 것이다.[235] 하나님은 '코로나로 심판'하시는 분이 아니라 '코로나를 심판'하고 계신다.

전염병이 돌 때 초기 그리스도인들이 한 일이 있다. 기원후 2~3세기 심각한 전염병이 마을을 덮치자 부자들은 산으로 피신했다. 저지대의 공기 중 악취가 문제가 될 때가 종종 있었기 때문이다. 그러나 그리스도인들은 마을을 떠나지 않고 사람들을 돌보았다. 그러다가 병에 걸려 죽기도 했다. 사람들은 몹시 놀랐다. "도대체 왜 그랬죠?" 그들은 "아, 우리는 이 예수님을 따르기 때문입니다. 그분이 우리를 구하려고 자기 목숨을 내려놓으셨기에 우리도 그렇게 합니다"라고 대답했다. 그전까지는 아무도 그렇게 할 엄두를 내지 못했다. 이러한 소문이 돌면서 당연히 복음이 퍼져나갔다. 로마가 그리스도인들을 없애려고 온갖 애를 써도 소용이 없었다.[236]

우리 하나님은 지금 어디 계실까? 우리 하나님은 코로나19 팬데믹의 현장에서 의료진과 방역진들과 함께 동역하고 계실 것이다. 코로나19로 인해 경제적으로 정신적으로 고통 받는 약자층들 옆에서 함께 탄식하고 계실 것이다. 그리고 그들을 위로하며, 도우며, 삶의 생기를 불어넣어 주시며, 그들에게 새로운 사명을 일깨우고 계실 것이다.

우리는 "하나님이 왜 우리와 함께하시지 않는가?"를 묻는다. 하나님은 말씀하신다. "나는 너를 한 번도 떠난 적이 없다." "이제 내가 너에게 묻겠다." "너희는 왜 나와 함께 하지 않니?"라고 물으실지 모른다. 우리와 늘 함께하시는 하나님은 우리도 하나님과 함께하시기를 원하신다. 나만 어려운 것이 아니고, 나보다 더 어려운 이들이 있다.

임마누엘의 하나님,
힘들고 지친 나와 함께하시면서,
나보다 더 힘든 사람들에게 가자고 손잡고 계십니다.
하나님의 손을 놓치지 않고 살아가게 하소서.

주

1. D. 더글라스(편), "외경,"『새성경 사전』 김의원/나용화 역 (서울: 기독교문서선교회, 1996), 1350~1354, 특히 1350.
2. 크로스웨이 ESV 스터디 바이블 편찬팀, "정경,"『ESV 스터디 바이블』 신지철/김귀탁/이용중/정옥배/윤석인 역 (서울: 부흥과개혁사, 2014), 2703~2713, 특히 2713.
3. 한병수,『기독교란 무엇인가』(서울: 복 있는 사람, 2017), 51~52.
4. 한병수,『기독교란 무엇인가』, 52~53.
5. 구미정,『구약성서: 마르지 않는 삶의 지혜』(파주: 사계절출판사, 2015), 5.
6. 이경용,『말씀묵상기도: 현대인을 위한 렉시오 디비나』(서울: 스텝스톤, 2010), 11~12.
7. 이경용,『말씀묵상기도: 현대인을 위한 렉시오 디비나』, 84.
8. 옥성득,『쇠퇴하는 한국 교회와 한 역사가의 일기(2016~2021)』(서울: 새물결플러스, 2021), 14~15.
9. 남애리, "아는 것이 힘이다: 문맹퇴치운동," https://theme.archives.go.kr/next/koreaOfRecord/illiteracy.do (2021. 8. 2 접속).
10. 이덕주,『한국교회 처음 이야기』(서울: 홍성사, 2006), 197.
11. 옥성득, "[성경읽기] 2 소리 내어 통해야 하는 이유", https://koreanchristianity.tistory.com/63?category=820383 (2021. 8. 2 접속).
12. 이덕주,『한국교회 처음 이야기』, 197~198.
13. 박대영,『묵상의 여정: 성경 묵상에 관한 인문-신학적 에세이』(서울: 성서유니온선교회, 2013), 25.
14. 류호준,『우리의 기도가 천상의 노래가 되어: 류호준 교수의 시편 사색(1)』(서울: 이레

서원, 2006), 252.

15. 류호준, 『우리의 기도가 천상의 노래가 되어: 류호준 교수의 시편 사색(1)』, 253.
16. 류호준, 『우리의 기도가 천상의 노래가 되어: 류호준 교수의 시편 사색(1)』, 257.
17. 엘런 F. 데이비스, 『하나님의 진심: 구약 성경, 천천히 다시 읽기』 양혜원 역 (서울: 복있는사람, 2017), 65~66.
18. *The Standard Prayer Book* (New York: Bloch Publishing Company, 1915), 4.
19. 엘런 F. 데이비스, 『하나님의 진심: 구약 성경, 천천히 다시 읽기』, 67.
20. 류호준, 『우리의 기도가 천상의 노래가 되어: 류호준 교수의 시편사색(1)』, 254.
21. 유해무, 『삼위일체론』 (살림지식총서; 파주: 살림출판사, 2010), 3.
22. 웨인 그루뎀, 『성경 핵심 교리: 기독교신앙의 필수 가르침』 (서울: 솔로몬, 2018), 151.
23. 유해무, 『삼위일체론』, 3.
24. 김용규, 『신: 인문학으로 읽는 하나님과 서양문명 이야기』 (서울: IVP, 2018), 795.
25. J. Moltmann, *History and the Triune God*, trans, J. Bowden, (New York: Cressord, 1992), 85.
26. 김용규, 『신: 인문학으로 읽는 하나님과 서양문명 이야기』, 800.
27. 김용규, 『신: 인문학으로 읽는 하나님과 서양문명 이야기』, 802.
28. 손호현, 『사도신경: 믿음의 알짬』 (연세신학문고; 서울: 동연, 2014), 12.
29. 권율, 『올인원 사도신경』 (서울: 새움북스, 2018), 22.
30. 한스 큉, 『믿나이다: 현대인을 위한 사도신경 해설』 이종한 역 (왜관: 분도출판사, 1999), 17.
31. 장로회신학대학교 기독교사상과문화연구원(편찬), 『토마스 아퀴나스 사도신경 강해 설교』 손은실 번역/주해, (그리스도교문헌총서; 서울: 새물결플러스, 2015), 264.
32. 손호현, 『사도신경: 믿음의 알짬』, 14~15.
33. 장로회신학대학교 기독교사상과문화연구원(편찬), 『토마스 아퀴나스 사도신경 강해 설교』, 270.
34. 손호현, 『사도신경: 믿음의 알짬』, 17~18.
35. 한스 큉, 『믿나이다: 현대인을 위한 사도신경 해설』, 7.
36. 알리스터 맥그래스, 『알리스터 맥그래스의 사도신경』 송동민 역 (서울: 죠이북스, 2020), 24~30.
37. 김기석, 『오래된 새 길』 (서울: 포이에마, 2012), 151~152.
38. 다니엘 밀리오리, 『기독교 조직신학 개론』 (서울: 새물결플러스, 2012), 247.
39. 다니엘 밀리오리, 『기독교 조직신학 개론』, 259.

40. 다니엘 밀리오리, 『기독교 조직신학 개론』, 260.

41. 김용규, 『신: 인문학으로 읽는 하나님과 서양문명 이야기』, 563~564.

42. 김진혁, 『질문하는 신학』 (서울: 복 있는 사람, 2019), 182.

43. 김진혁, 『질문하는 신학』, 183.

44. 김용규, 『신: 인문학으로 읽는 하나님과 서양문명 이야기』, 576.

45. 김진혁, 『질문하는 신학』, 194.

46. 한병수, 『기독교란 무엇인가』, 310~311.

47. 김진혁, 『질문하는 신학』, 597.

48. 옥성득, 『다시 쓰는 초대 한국교회사』 (서울: 새물결플러스, 2016), 261

49. 정재영, 『교회 안 나가는 그리스도인: 가나안 성도를 어떻게 이해할 것인가?』 (서울: IVP, 2015), 207.

50. 박명림, "'현장 지식인' 박명림이 말하는 광화문 혁명, 세월호, 그리고 희망," 『복음과 상황』, 2017년 1월, 10~35, 특히 18.

51. 김진혁, 『질문하는 신학』, 628~629.

52. 김진혁, 『질문하는 신학』, 627.

53. 존 프리처드, 『교회: 왜 교회에 가야 하는가? 교회는 무엇을 위해 존재하는가?』 한문덕 역 (서울: 비아, 2017), 88~89.

54. 양희송, 『세속성자: 성문 밖으로 나아간 그리스도인들』 (서울: 북인더갭, 2018), 233.

55. 김진혁, 『질문하는 신학』, 602.

56. 정재영, 『교회 안 나가는 그리스도인: 가나안 성도를 어떻게 이해할 것인가?』, 17~18.

57. 정재영, 『교회 안 나가는 그리스도인: 가나안 성도를 어떻게 이해할 것인가?』, 11.

58. 정재영, 『교회 안 나가는 그리스도인: 가나안 성도를 어떻게 이해할 것인가?』, 19.

59. 양희송, 『세속성자: 성문 밖으로 나아간 그리스도인들』, 200.

60. 양희송, 『가나안 성도, 교회 밖 성도』 (서울: 포이에마, 2014), 53.

61. 구미정, "기독교 여성의 몸, 폭력과 구원 사이," 『생명연구』, 2014.

62. 정재영, 『교회 안 나가는 그리스도인: 가나안 성도를 어떻게 이해할 것인가?』, 193.

63. 정재영, 『교회 안 나가는 그리스도인: 가나안 성도를 어떻게 이해할 것인가?』, 11.

64. A. Jamieson, *A Churchless Faith: Faith Journeys beyond the Church* (London: The Society For Promoting Christian Knowledge, 2002); 정재영, 『교회 안 나가는 그리스도인: 가나안 성도를 어떻게 이해할 것인가?』, 193 재인용.

65. 정재영, 『교회 안 나가는 그리스도인: 가나안 성도를 어떻게 이해할 것인가?』, 194.

66. 김구원, 『사무엘상』 (그리스도인을 위한 통독 주석 시리즈; 서울: 홍성사, 2014),

462~463.

67. 마이클 고먼, 『요한계시록 바르게 읽기: 시민 종교를 거부하는 참된 예배와 증언』 박규태 역 (서울: 새물결플러스, 2014), 28.

68. 니제이 K. 굽타, 『신약학 강의노트』 이영욱 역 (서울: 감은사, 2020), 196.

69. 니제이 K. 굽타, 『신약학 강의노트』, 198.

70. 마이클 고먼, 『요한계시록 바르게 읽기: 시민 종교를 거부하는 참된 예배와 증언』, 197.

71. 로버트 마운스, 『요한계시록』 장규성 역 (NICNT; 서울: 부흥과개혁사, 2019), 145.

72. 레이몬드 E. 브라운, 『신약개론』 김근수/김경식/이은순 공역 (서울: CLC, 2003), 1103.

73. 톰 라이트, 『모든 사람을 위한 요한계시록』 이철민 역 (서울: IVP, 2019), 59~60.

74. 박영호(외), 『노동하는 그리스도인』 (서울: 대장간, 2018), 104~105.

75. 김혜남, 『어른으로 산다는 것: 플러스 에디션』 (서울: 걷는나무, 2011), 29~30.

76. 조정민 목사의 트위터에서

77. 박영호, 『빌립보서』 (그리스도인을 위한 통독 주석 시리즈; 서울: 홍성사, 2017), 123.

78. 박영호, 『빌립보서』, 124.

79. 박영호, 『빌립보서』, 124~125.

80. 박영호, 『빌립보서』, 125.

81. 박영호, 『빌립보서』, 125~127.

82. 최광현, 『지금 나에게 필요한 용기: 인문학 서가에서 발견한 17가지 용기의 심리학』 (서울: 학지사, 2017), 70.

83. 차준희, 『모세오경 바로 읽기: 차준희 교수의 평신도를 위한 구약특강』 (서울: 성서유니온선교회, 2013), 185.

84. 류호준, 『일상행전』 (서울: 세움북스, 2019) 11~12.

85. 왕대일, 『왕대일 교수의 신명기 강의』 (서울: 대한기독교서회, 2011), 365.

86. 차준희, 『역사서 바로 읽기: 차준희 교수의 평신도를 위한 구약특강』 (서울: 성서유니온선교회, 2013), 28.

87. D. M. Howard, Jr. *Joshua* (The New American Commentary; Nashville: Broadman & Holman Publishers, 1998), 73.

88. 손석태, 『여호수아』 (대한기독교서회 창립 100주년기념 성서주석; 서울: 대한기독교서회, 2006), 194.

89. 송병현, 『여호수아』 (엑스포지멘터리; 서울: 국제제자훈련원, 2010), 85.

90. 트렌트 버틀러, 『여호수아』 정일오 역 (WBC 성경주석; 서울: 솔로몬, 2004), 494.

91. 트렌트 버틀러, 『여호수아』, 496.

92. J. 클린턴 맥캔, 『사사기』 오택현 역 (현대성서주석; 서울: 장로교출판사, 2010), 165.
93. 박유미, 『내러티브로 읽는 사사기: 사사기의 구조와 의미에 관한 서사 분석』 (서울: 새물결플러스, 2018), 297.
94. 김지찬, 『오직 여호와만이 우리의 사사』 (서울: 생명의말씀사, 2010), 348~349.
95. J. 클린턴 맥캔, 『사사기』, 177.
96. 전성민, 『사사기 어떻게 읽을 것인가: 신앙의 이름으로 포장된 욕망의 시대』 (서울: 성서유니온선교회, 2015), 241.
97. 전성민, 『사사기 어떻게 읽을 것인가: 신앙의 이름으로 포장된 욕망의 시대』, 253.
98. 김지찬, 『오직 여호와만이 우리의 사사』, 391.
99. 전성민, 『사사기 어떻게 읽을 것인가: 신앙의 이름으로 포장된 욕망의 시대』, 259.
100. 전성민, 『사사기 어떻게 읽을 것인가: 신앙의 이름으로 포장된 욕망의 시대』, 255.
101. 박유미, 『내러티브로 읽는 사사기: 사사기의 구조와 의미에 관한 서사 분석』, 263.
102. J. 클린턴 맥캔, 『사사기』, 190~191.
103. 김형준, "영성과 영적 침체: 열왕기 19장 4~8절," 『그 말씀』 267, 2011(9월), 124~135, 특히 124.
104. 시몬 J. 드브리스, 『열왕기상』 김병하 역 (WBC 성경주석; 서울: 솔로몬 2006), 504.
105. 이형원, 『열왕기상』 (대한기독교서회 창립 100주년기념 성서주석; 서울: 대한기독교서회, 2005), 386.
106. 이형원, 『열왕기상』, 389.
107. 시몬 J. 드브리스, 『열왕기상』 김병하 역 (WBC 성경주석; 서울: 솔로몬 2006), 507.
108. 마이클 고먼, 『요한계시록 바르게 읽기』 박규태 옮김 (서울: 새물결플러스, 2014), 188~189.
109. 차준희, 『열 두 예언자의 영성: 우리가 잃어버린 정의, 긍휼, 신실에 대한 회복 메시지』 (서울: 새물결플러스, 2014), 104.
110. 팀 켈러, 『팀 켈러의 방탕한 선지자: 높아진 자아, 하나님을 거부하다』 홍종락 역, (서울: 두란노, 2019), 99.
111. 팀 켈러, 『팀 켈러의 방탕한 선지자: 높아진 자아, 하나님을 거부하다』, 15.
112. 팀 켈러, 『팀 켈러의 방탕한 선지자: 높아진 자아, 하나님을 거부하다』, 15.
113. 차준희, 『열 두 예언자의 영성: 우리가 잃어버린 정의, 긍휼, 신실에 대한 회복 메시지』, 107.
114. 차준희, 『열 두 예언자의 영성: 우리가 잃어버린 정의, 긍휼, 신실에 대한 회복 메시지』, 103.

115. 유충희,『루카복음』(거룩한 독서를 위한 신약성경 주해 3; 서울: 바오로딸, 2015), 251~252.
116. 김경진,『누가신학의 제자도와 청지기도』(서울: 솔로몬, 1996), 148.
117. 요아힘 예레미야스,『예수 시대의 예루살렘』(천안: 한국신학연구소, 1993), 450~470.
118. 김경진,『누가신학의 제자도와 청지기도』, 239~240.
119. 김경진,『누가신학의 제자도와 청지기도』, 240.
120. 김경진,『누가신학의 제자도와 청지기도』, 242.
121. 정태현,『요한복음』(거룩한 독서를 위한 신약성경 주해 4; 서울: 바오로딸, 2011), 218~219.
122. 정태현,『요한복음』, 210.
123. 톰 라이트,『모든 사람을 위한 누가복음』이철민 역 (서울: IVP, 2011), 196.
124. 김득중,『누가복음(2)』(대한기독교서회 창립 100주년기념 성서주석; 서울: 대한기독교서회, 2004), 54~55.
125. 유충희,『루카복음』, 252.
126. 톰 라이트,『모든 사람을 위한 마태복음(2)』양혜원 역 (서울: IVP, 2010), 82
127. 김영봉,『마태복음(2)』(대한기독교서회 창립 100주년기념 성서주석; 서울: 대한기독교서회, 1999), 176.
128. 교회는 이 본문에 근거하여 기독교의 제자도에 있어서 두 가지 계급의 개념을 발전시켰다. 1) 자신들의 소유를 지니는 '평신도'이며, 2) 청빈의 서약을 한 '수도사들'이다. 더글라스 R. A. 헤어『마태복음』최재덕 역 (현대성서주석; 서울: 한국장로교출판사, 2001), 315.
129. 김영봉,『마태복음(2)』, 179.
130. 김영봉,『마태복음(2)』, 179.
131. 조경철,『마태복음(1)』(대한기독교서회 창립 100주년기념 성서주석; 서울: 대한기독교서회, 1999), 314~315.
132. 조경철,『마태복음(1)』, 315.
133. 김영봉,『마태복음(2)』, 184~185.
134. 김영봉,『마태복음(2)』, 187~188.
135. 도날드 헤그너,『마태복음 14~28장』채천석 역 (WBC 성경주석; 서울: 솔로몬, 2006), 889.
136. 발터 옌스,『유다의 재판: 가리옷 유다의 사복재판에 관한 보고서』박상화 역 (서울: 아침, 2004).
137. 김기현,『가룟 유다 딜레마』(서울: 한국기독학생회출판부, 2008), 37.

138. 목회와신학 편집부, 『마태복음 어떻게 설교할 것인가』 (HOW주석; 서울: 두란노아카데미, 2003), 383.

139. 김기현, 『가룟 유다 딜레마』, 38.

140. 김기현, 『가룟 유다 딜레마』, 64.

141. 김기현, 『가룟 유다 딜레마』, 96~98.

142. 오경준, 『신약정독: 복음서 편』 (서울: 홍성사, 2018), 312.

143. 존 놀랜드, 『누가복음 18:35~24:53』 김경진 역 (WBC 성경주석; 서울: 솔로몬, 2005), 503.

144. 김득중, 『누가복음(2)』 (대한기독교서회 창립 100주년기념 성서주석; 서울: 대한기독교서회, 1993), 511.

145. 신현우, 『누가복음 어떻게 읽을 것인가: 메시아 예수의 도』 (서울: 성서유니온, 2016), 354~355.

146. 김득중, 『누가복음(2)』, 514~515.

147. 유충희, 『루카복음』 (거룩한 독서를 위한 신약성경 주해 3; 서울: 바오로딸, 2015), 465.

148. 오성균, 『신약정독: 복음서 편』, 314.

149. 유충희, 『루카복음: 거룩한 독서를 위한 신약성경 주해 3』, 465.

150. 신현우, 『누가복음 어떻게 읽을 것인가: 메시아 예수의 도』, 356.

151. 톰 라이트, 『시대가 묻고 성경이 답하다』 안종희 역 (서울: IVP, 2016), 154~155.

152. I. 하워드 마샬, 『루가복음(2)』 강요섭 역, (국제성서주석; 서울: 한국신학연구소, 1984), 697.

153. I. 하워드 마샬, 『루가복음(2)』, 694.

154. 존 놀랜드, 『누가복음 18:35~24:53』, 510.

155. 이민규, 『신앙, 그 오해와 진실: 한국 교회가 제대로 알아야 할 신약성경의 26가지 키워드』 (서울: 새물결플러스, 2014), 275.

156. 오경준, 『신약정독: 복음서 편』, 316.

157. 이민규, 『신앙, 그 오해와 진실: 한국 교회가 제대로 알아야 할 신약성경의 26가지 키워드』, 276.

158. 프레드 B. 크래독, 『누가복음: 목회자와 설교자를 위한 주석』, 박선규 역, (현대성서주석; 서울: 한국장로교출판사, 2010), 343.

159. 김득중, 『누가복음(2)』, 510.

160. 김득중, 『누가복음(2)』, 515.

161. F. Bovon, "Apostelakten," *Religion in Geschichte und Gegenwart* (Vierte, völlig neu

bearbeitete Auflage), Band 1, (Tübingen: Mohr Siebeck, 1998), 640-641, 특히 640.

162. J. D. 더글라스(편), 『새 성경사전』 나용화/김의원 역 (서울: 기독교문서선교회, 1996), 1125.

163. D. Apostolos-Cappadona, "Aposteldarstellungen," *Religion in Geschichte und Gegenwart* (Vierte, völlig neu bearbeitete Auflage), Band 1, (Tübingen: Mohr Siebeck, 1998), 638~640, 특히 638~639.

164. 양용의, 『히브리서 어떻게 읽을 것인가: 위기에 처한 교회에 주는 간곡한 권면(개정판)』 (서울: 성서유니온, 2016), 294.

165. 유상섭, 『나의 사랑하는 책 사도행전』 (서울; 성서유니온, 2017), 102.

166. 김득중, 『선교를 위한 복음서: 예루살렘 땅 끝까지! 사도행전 해석』 (서울; kmc, 2012), 84~85.

167. 김득중, 『선교를 위한 복음서: 예루살렘 땅 끝까지! 사도행전 해석』, 91~92.

168. 박병규/윤성희, 『신약성경의 이해: 사도행전/히브리서/가톨릭 서간』 (서울: 바오로딸, 2018), 47.

169. 유상섭, 『나의 사랑하는 책 사도행전』, 124~125.

170. M. Hengel, *Between Jesus and Paul: Studies in the Earliest History of Christianity* (Philadelphia: Fortress Press, 1983), 2; 김득중, 『선교를 위한 복음서: 예루살렘 땅 끝까지! 사도행전 해석』, 96.

171. 유상섭, 『나의 사랑하는 책 사도행전』, 120.

172. F. F. 브루스, 『사도행전』 김장복 역 (NICNT; 서울: 부흥과개혁사, 2017), 207.

173. 스캇 맥나이트, 『예수신경: 예수가 가르친 하나님 나라의 메시지』 김창동 역, (서울: 새물결플러스, 2015).

174. J. D. 더글라스(편집), 『새성경 사전』, (서울: 기독교문서선교회, 1996), 1457.

175. 장홍길, 『하나님의 구원 이야기』 (서울: 한국성서학연구소, 2015).

176. 차준희, 『창세기 다시보기』 (서울: 대한기독교서회, 1998), 104.

177. N. M. Sarna, *Genesis*, (The JPS Torah Commentary; Philadelphia: Jewish Publication Society, 1989), 134.

178. 송봉모, 『순례자 아브라함(2): 내가 보여줄 땅으로 가거라』 (서울: 바오로딸, 2009), 333.

179. 성서와 함께 편집부, 『보시니 참 좋았다: 성서가족을 위한 창세기 해설서(개정판)』 (서울: 성서와 함께, 2008), 229.

180. N. M. Sarna, Genesis, 135.

181. N. M. Sarna, *Genesis*, 132.

182. 조슈아 W. 지프, 『환대와 구원: 혐오, 배제, 탐욕, 공포를 넘어 사랑의 종교로 나아가기』 송일 역 (서울: 새물결플러스, 2019).

183. 차정식, "환대의 공동체로서 교회의 존재 의미", 『목회와신학』 368호, 2020(2월), 38~43, 특히 39.

184. 조슈아 W. 지프, 『환대와 구원: 혐오, 배제, 탐욕, 공포를 넘어 사랑의 종교로 나아가기』, 24~26.

185. 차정식, "환대의 공동체로서 교회의 존재 의미", 43.

186. 조용훈, 『우리 시대를 위한 하나님의 열 가지 말씀: 십계명의 영성과 윤리』 (서울: 동연, 2015), 214.

187. H. J. Boecker, *Wegweisung zun Leben: Recht und Gesetz im Alten Testament*, (Stuttgart: Deutsche Bibelgesellschaft, 2000), 118.

188. 차준희, 『교회 다니면서 십계명도 몰라?』 (서울: 국제제자훈련원, 2012), 111~112.

189. 조용훈, 『우리 시대를 위한 하나님의 열 가지 말씀: 십계명의 영성과 윤리』, 193.

190. 차준희, 『교회 다니면서 십계명도 몰라?』, 120~121.

191. 로라 슐레징어/스튜어트 보겔, 『십계명에서 배우는 인생』 홍윤주 역 (서울: 황금가지, 2000), 202 재인용.

192. 노트커 볼프/마티아스 드로빈스키, 『그러니, 십계명은 자유의 계명이다』 윤선아 옮김 (왜관: 분도출판사, 2012), 159.

193. 노트커 볼프/마티아스 드로빈스키, 『그러니, 십계명은 자유의 계명이다』, 160.

194. 톰 라이트, 『모든 사람을 위한 주석: 마태복음』 (서울: IVP, 82).

195. 조용훈, 『우리 시대를 위한 하나님의 열 가지 말씀: 십계명의 영성과 윤리』, 221.

196. 차준희, 『교회 다니면서 십계명도 몰라?』, 135~136.

197. 존 칼빈, 『칼빈의 십계명 강해』 김광남 역 (서울: 비전북, 2011), 243.

198. 왕대일, 『창조신앙의 복음, 창조신앙의 영성: 창세기 1-11장의 물음, 부름, 푸름』 (서울: 대한기독교서회, 2016), 79.

199. 브루스 C. 버치(외), 『신학의 렌즈로 본 구약개관』 차준희 역 (서울: 새물결플러스, 2016), 88.

200. 차준희, 『창세기 다시보기』, 22~23.

201. 게르하르트 폰 라트, 『창세기』 (국제성서주석; 서울: 한국신학연구소, 1981), 85.

202. 성서와 함께, 『보시니 참 좋았다: 성서 가족을 위한 창세기 해설서』 (서울: 성서와 함께, 1988), 85.

203. D. Bonhoeffer, *Schöfung und Fall* (München: Kaiser Verlag, 1968), 18.

204. 이희학, 『인간의 죄악과 하나님의 구원행동: 창세기 1~11장의 신학』 (서울: 대한기독교서회, 2003), 118.

205. 김용규, 『신: 인문학으로 읽는 하나님과 서양문명 이야기』, 336.

206. 김용규, 『신: 인문학으로 읽는 하나님과 서양문명 이야기』, 336.

207. 김용규, 『신: 인문학으로 읽는 하나님과 서양문명 이야기』, 341.

208. 김용규, 『신: 인문학으로 읽는 하나님과 서양문명 이야기』, 347

209. 김용규, 『신: 인문학으로 읽는 하나님과 서양문명 이야기』, 349.

210. 존 스토트, 『하나님의 새로운 사회: 에베소서 강해』 (BST시리즈; 서울: IVP, 2007), 248.

211. 크리스토퍼 스미스/존 패티슨, 『슬로 처치』 김윤희 역, (서울: 새물결플러스, 2015), 243.

212. 크리스토퍼 스미스/존 패티슨, 『슬로 처치』, 243.

213. 크리스토퍼 스미스/존 패티슨, 『슬로 처치』, 122-123.

214. 김동문, 『낮은 자의 하나님을 만나는 중근동의 눈으로 읽는 성경(구약편)』 (구리: 선율, 2018), 198.

215. 차준희, 『예레미야서 다시 보기』 (서울: 프리칭아카데미, 2007), 37.

216. 도널드 맥컬로우, 『광야를 지나는 법: 크리스천을 위한 인생 로드맵』 안정임 역 (서울: 웅진씽크빅, 2008), 30.

217. 류호준, 『정의와 평화가 포옹할 때까지』 (서울: 대서, 2006), 110.

218. 박득훈, 『돈에서 해방된 교회』, 189.

219. 류호준, 『정의와 평화가 포옹할 때까지』, 108.

220. 박득훈, 『돈에서 해방된 교회』, 202.

221. 양낙홍, 『깨끗한 부자, 가난한 성자: 성경에서 찾은 자족, 향유, 나눔의 원리』 (서울: IVP, 2012), 227.

222. 양낙홍, 『깨끗한 부자, 가난한 성자: 성경에서 찾은 자족, 향유, 나눔의 원리』, 228.

223. 양낙홍, 『깨끗한 부자, 가난한 성자: 성경에서 찾은 자족, 향유, 나눔의 원리』, 219.

224. 홍성주, 『영성과 행복』 (서울: 예영비앤피, 2006), 159.

225. 게르하르트 폰 라트, 『창세기』, 한국신학연구소번역실 역 (국제성서주석; 서울: 한국신학연구소, 1981), 90.

226. 정종훈, 『생활신앙으로 살아가기』 (서울: 대한기독교서회, 2007), 64.

227. 차준희, 『교회 다니면서 십계명도 몰라?』, 14.

228. 차준희, 『시가서 바로 읽기: 차준희 교수의 평신도를 위한 구약특강』, 137.

229. 톰 라이트, 『모든 이를 위한 마태복음(1)』 양혜원 역 (서울: IVP, 2010), 82.

230. 김요한, 『코로나19 시대의 메모』 (서울: 새물결플러스, 2020), 4.

231. 김필회, 『호세아 주석서』 (한국구약학총서; 용인: 프리칭아카데미, 2010), 385.

232. 김필회, 『호세아 주석서』, 388.

233. 김필회, 『호세아 주석서』, 366.

234. 톰 라이트, 『코로나와 포스트 코로나 시대에 대한 기독교적 성찰』 (서울: 비아토르, 2020), 57.

235. 월터 브루그만, 『다시 춤추기 시작할 때까지』 신지철 역 (서울: IVP, 2020), 125.

236. 톰 라이트, 『코로나와 포스트 코로나 시대에 대한 기독교적 성찰』, 16~17.

참고 문헌

고먼, 마이클. 『요한계시록 바르게 읽기: 시민 종교를 거부하는 참된 예배와 증언』. 박규태 역. 서울: 새물결플러스, 2014.

구미정, "기독교 여성의 몸, 폭력과 구원 사이", 『생명연구』, 2014.

구미정. 『구약성서: 마르지 않는 삶의 지혜』. 파주: 사계절출판사, 2015.

굽타, 니제이 K. 『신약학 강의노트』. 이영욱 역. 서울: 감은사, 2020.

그루뎀, 웨인. 『성경 핵심 교리: 기독교신앙의 필수 가르침』. 서울: 솔로몬, 2018.

권율. 『올인원 사도신경』. 서울: 새움북스, 2018.

김경진. 『누가신학의 제자도와 청지기도』. 서울: 솔로몬, 1996.

김기석. 『오래된 새 길』. 서울: 포이에마, 2012.

김기현. 『가룟 유다 딜레마』. 서울: 한국기독학생회출판부, 2008.

김구원. 『사무엘상』. 그리스도인을 위한 통독 주석 시리즈; 서울: 홍성사, 2014.

김동문. 『낮은 자의 하나님을 만나는 중근동의 눈으로 읽는 성경(구약편)』. 구리: 선율, 2018.

김득중. 『누가복음(2)』. 대한기독교서회 창립 100주년기념 성서주석; 서울: 대한기독교서회, 2004.

김득중. 『선교를 위한 복음서: 예루살렘 땅 끝까지! 사도행전 해석』. 서울: kmc, 2012.

김영봉. 『마태복음(2)』. 대한기독교서회 창립 100주년기념 성서주석; 서울: 대한기독교서회, 1999.

김요한. 『코로나19 시대의 메모』. 서울: 새물결플러스, 2020.

김용규. 『신: 인문학으로 읽는 하나님과 서양문명 이야기』. 서울: IVP, 2018.

김지찬. 『거룩하신 여호와 앞에 누가 능히 서리요: 설교를 위한 사무엘서 연구』. 서울: 한국성서학연구소, 2003.
김지찬. 『오직 여호와만이 우리의 사사』. 서울: 생명의말씀사, 2010.
김진혁. 『질문하는 신학』. 서울: 복있는사람, 2019.
김필회. 『호세아 주석서』. 한국구약학총서; 용인: 프리칭아카데미, 2010.
김형준. "영성과 영적 침체: 열왕기 19장 4-8절." 『그 말씀』 267, 2011(9월), 124~135.
김혜남. 『어른으로 산다는 것: 플러스 에디션』. 서울: 걷는 나무, 2011.
놀랜드, 존. 『누가복음 18:35~24:53』. 김경진 역. WBC 성경주석; 서울: 솔로몬, 2005.
더글라스, J. D. (편). "외경" 『새성경 사전』. 김의원/나용화 역. 서울: 기독교문서선교회, 1996, 1350~1354.
데이비스, 엘런 F. 『하나님의 진심: 구약 성경, 천천히 다시 읽기』. 양혜원 역. 서울: 복있는사람, 2017.
드브리스, 시몬 J. 『열왕기상』. 김병하 역. WBC 성경주석; 서울: 솔로몬 2006.
라이트, 톰. 『모든 사람을 위한 마태복음(1)』. 양혜원 역. 서울: IVP, 2010.
라이트, 톰. 『모든 사람을 위한 마태복음(2)』. 양혜원 역. 서울: IVP, 2010.
라이트, 톰. 『모든 사람을 위한 누가복음』. 이철민 역. 서울: IVP, 2011.
라이트, 톰. 『모든 사람을 위한 요한계시록』. 이철민 역. 서울: IVP, 2019.
라이트, 톰. 『시대가 묻고 성경이 답하다』. 안종희 역. 서울: IVP, 2016.
라이트, 톰. 『코로나와 포스트 코로나 시대에 대한 기독교적 성찰』. 서울: 비아토르, 2020.
롱맨 3세, 트렘퍼. 『손에 잡히는 구약개론』. 김동혁 역. 서울: IVP, 2015.
류호준. 『우리의 기도가 천상의 노래가 되어: 류호준 교수의 시편사색(1)』. 서울: 이레서원, 2006.
류호준. 『정의와 평화가 포옹할 때까지』. 서울: 대서, 2006.
류호준. 『일상행전』. 서울: 세움북스, 2019.
마샬, I. 하워드. 『루가복음(2)』. 강요섭 역. 국제성서주석; 서울: 한국신학연구소, 1984.
만케, 헤르만. 『한 권으로 마스터하는 신약성경』. 차준희 역. 서울: 대한기독교서회, 2014.
목회와신학 편집부. 『마태복음 어떻게 설교할 것인가』. HOW주석; 서울: 두란노아카데미, 2003, 383.
마운스, 로버트. 『요한계시록』. 장규성 역. NICNT; 서울: 부흥과개혁사, 2019.

맥그래스, 알리스터. 『알리스터 맥그래스의 사도신경』. 송동민 역. 서울: 죠이북스, 2020.
맥캔, J. 클린턴. 『사사기』. 오택현 역. 현대성서주석; 서울: 장로교출판사, 2010.
맥컬로우, 도널드. 『광야를 지나는 법: 크리스천을 위한 인생 로드맵』. 안정임 역. 서울: 웅진씽크빅, 2008.
맥나이트, 스캇. 『예수신경: 예수가 가르친 하나님 나라의 메시지』. 김창동 역. 서울: 새물결플러스, 2015.
밀리오리, 다니엘. 『기독교 조직신학 개론』. 서울: 새물결플러스, 2012.
박대영. 『묵상의 여정: 성경 묵상에 관한 인문-신학적 에세이』. 서울: 성서유니온, 2013.
박득훈. 『돈에서 해방된 교회』. 서울: 포이에마, 2014.
박명림. "'현장 지식인' 박명림이 말하는 광화문 혁명, 세월호, 그리고 희망." 『복음과 상황』, 2017년 1월, 10-35.
박병규/윤성희. 『신약성경의 이해: 사도행전/히브리서/가톨릭 서간』. 서울: 바오로딸, 2018.
박유미. 『내러티브로 읽는 사사기: 사사기의 구조와 의미에 관한 서사 분석』. 서울: 새물결플러스, 2018.
박영호. 『빌립보서』. 그리스도인을 위한 통독 주석 시리즈; 서울: 홍성사, 2017.
박영호(외). 『노동하는 그리스도인』. 서울: 대장간, 2018.
버치, 브루스 C. (외). 『신학의 렌즈로 본 구약개관』. 차준희 역. 서울: 새물결플러스, 2016.
브라운, 레이몬드 E. 『신약개론』. 김근수/김경식/이은순 공역. 서울: CLC, 2003.
브루스, F. F. 『사도행전』. 김장복 역. NICNT; 서울: 부흥과 개혁사, 2017.
브루거만, 월터. 『사무엘상/하』. 차종순 역. 현대성서주석; 서울: 한국장로교출판사, 2000.
브루그만, 월터. 『다시 춤추기 시작할 때까지』. 신지철 역. 서울: IVP, 2020.
블록, 대니얼 I. (외). 『구약 설교, 어떻게 할 것인가?: 구약 설교의 이론과 실제』. 차준희 역. 서울: 새물결플러스, 2019.
버틀러, 트렌트. 『여호수아』. 정일오 역. WBC 성경주석; 서울: 솔로몬, 2004.
볼프, 노트커/드로빈스키, 마티아스. 『그러니, 십계명은 자유의 계명이다』. 윤선아 옮김. 왜관: 분도출판사, 2012.
성서와 함께 편집부. 『보시니 참 좋았다: 성서 가족을 위한 창세기 해설서』. 서울: 성서와함께, 1988.
성서와 함께 편집부. 『보시니 참 좋았다: 성서가족을 위한 창세기 해설서(개정판)』. 서울: 성서와함께, 2008.

손석태. 『여호수아』. 대한기독교서회 창립 100주년 기념성서주석; 서울: 대한기독교서회, 2006.

손호현. 『사도신경: 믿음의 알짬』. 연세신학문고; 서울: 동연, 2014.

송병현. 『여호수아』. 엑스포지멘터리; 서울: 국제제자훈련원, 2010.

송봉모. 『순례자 아브라함(2): 내가 보여줄 땅으로 가거라』. 서울: 바오로딸, 2009.

슐레징어, 로라/보겔, 스튜어트. 『십계명에서 배우는 인생』. 홍윤주 역. 서울: 황금가지, 2000.

스미스, 크리스토퍼/패티슨, 존. 『슬로 처치』. 김윤희 역. 서울: 새물결플러스, 2015.

스토트, 존. 『하나님의 새로운 사회: 에베소서 강해』. BST시리즈; 서울: IVP, 2007.

신현우. 『누가복음 어떻게 읽을 것인가: 메시아 예수의 도』. 서울: 성서유니온, 2016.

양낙홍. 『깨끗한 부자, 가난한 성자: 성경에서 찾은 자족, 향유, 나눔의 원리』. 서울: IVP, 2012.

양용의. 『히브리서 어떻게 읽을 것인가: 위기에 처한 교회에 주는 간곡한 권면(개정판)』. 서울: 성서유니온, 2016.

양희송. 『가나안 성도, 교회 밖 성도』. 서울: 포이에마, 2014.

양희송. 『세속성자: 성문 밖으로 나아간 그리스도인들』. 서울: 북인더갭, 2018.

오경준. 『신약정독: 복음서 편』. 서울: 홍성사, 2018.

옥성득. 『다시 쓰는 초대 한국교회사』. 서울: 새물결플러스, 2016.

옥성득. 『쇠퇴하는 한국교회와 한 역사가의 일기(2016-2021)』. 서울: 새물결플러스, 2021.

옥성득. "[성경읽기]2 소리 내어 통해야 하는 이유", https://koreanchristianity.tistory.com/63?category=820383 (2021. 8. 2 접속).

예레미야스, 요아힘. 『예수 시대의 예루살렘』. 천안: 한국신학연구소, 1993.

왕대일. 『창조신앙의 복음, 창조신앙의 영성: 창세기 1~11장의 물음, 부름, 푸름』. 서울: 대한기독교서회, 2016.

왕대일. 『왕대일 교수의 신명기 강의』. 서울: 대한기독교서회, 2011.

옌스, 발터. 『유다의 재판: 가리옷 유다의 사복재판에 관한 보고서』. 박상화 역. 서울: 아침, 2004.

유상섭. 『나의 사랑하는 책 사도행전』. 서울: 성서유니온, 2017.

유충희. 『루카복음』. 거룩한 독서를 위한 신약성경 주해 3; 서울: 바오로딸, 2015.

유해무. 『삼위일체론』. 살림지식총서; 파주: 살림출판사, 2010.

이경용. 『말씀묵상기도: 현대인을 위한 렉시오 디비나』. 서울: 스텝스톤, 2010.
이덕주. 『한국교회 처음 이야기』. 서울: 홍성사, 2006.
이민규. 『신앙, 그 오해와 진실: 한국 교회가 제대로 알아야 할 신약성경의 26가지 키워드』. 서울: 새물결플러스, 2014.
이형원. 『열왕기상』. 대한기독교서회 창립 100주년기념 성서주석; 서울: 대한기독교서회, 2005.
이희학. 『인간의 죄악과 하나님의 구원행동: 창세기 1~11장의 신학』. 서울: 대한기독교서회, 2003.
장로회신학대학교 기독교사상과문화연구원(편찬). 『토마스 아퀴나스 사도신경 강해설교』. 손은실 번역/주해. 그리스도교문헌총서; 서울: 새물결플러스, 2015.
장흥길. 『하나님의 구원 이야기』. 서울: 한국성서학연구소, 2015.
전성민. 『사사기 어떻게 읽을 것인가: 신앙의 이름으로 포장된 욕망의 시대』. 서울: 성서유니온, 2015.
정재영 『교회 안 나가는 그리스도인: 가나안 성도를 어떻게 이해할 것인가?』. 서울: IVP, 2015.
정종훈. 『생활신앙으로 살아가기』. 서울: 대한기독교서회, 2007.
정태현. 『요한복음』. 거룩한 독서를 위한 신약성경 주해 4; 서울: 바오로딸, 2011.
조경철. 『마태복음(1)』. 대한기독교서회 창립 100주년기념 성서주석; 서울: 대한기독교서회, 1999.
지프, 조슈아 W. 『환대와 구원: 혐오, 배제, 탐욕, 공포를 넘어 사랑의 종교로 나아가기』. 송일 역. 서울: 새물결플러스, 2019.
조용훈. 『우리 시대를 위한 하나님의 열 가지 말씀: 십계명의 영성과 윤리』. 서울: 동연, 2015.
차정식. "환대의 공동체로서 교회의 존재 의미." 『목회와 신학』 368호, 2020(2월), 38~43.
차준희. 『창세기 다시보기』. 서울: 대한기독교서회, 1998.
차준희. 『예레미야서 다시 보기』. 서울: 프리칭아카데미, 2007.
차준희. 『교회 다니면서 십계명도 몰라?』. 서울: 국제제자훈련원, 2012.
차준희. 『모세오경 바로 읽기: 차준희 교수의 평신도를 위한 구약특강』. 서울: 성서유니온, 2013.
차준희. 『역사서 바로 읽기: 차준희 교수의 평신도를 위한 구약특강』. 서울: 성서유니온, 2013.

차준희. 『시가서 바로 읽기: 차준희 교수의 평신도를 위한 구약특강』. 서울: 성서유니온, 2013.

차준희. 『열 두 예언자의 영성: 우리가 잃어버린 정의, 긍휼, 신실에 대한 회복 메시지』. 서울: 새물결플러스, 2014.

최광현. 『지금 나에게 필요한 용기: 인문학 서가에서 발견한 17가지 용기의 심리학』. 서울: 학지사, 2017.

칼빈, 존. 『칼빈의 십계명 강해』. 김광남 역. 서울: 비전 북, 2011.

콘로이, 찰스. 『사무엘기/열왕기』. 이기락 역. 서울: 가톨릭대학교출판부, 2006.

크로스웨이 ESV 스터디 바이블 편찬팀. "정경," 『ESV 스터디 바이블』. 신지철/김귀탁/이용중/정옥배/윤석인 역. 서울: 부흥과개혁사, 2014, 2703~2713.

큉, 한스. 『믿나이다: 현대인을 위한 사도신경 해설』. 이종한 역. 왜관: 분도출판사, 1999.

크래독, 프레드 B. 『누가복음: 목회자와 설교자를 위한 주석』. 박선규 역. 현대성서주석; 서울: 한국장로교출판사, 2010.

켈러, 팀. 『팀 켈러의 방탕한 선지자: 높아진 자아, 하나님을 거부하다』. 홍종락 역. 서울: 두란노, 2019.

폰 라트, 게르하르트. 『창세기』. 한국신학연구소번역실 역. 국제성서주석; 서울: 한국신학연구소, 1981.

프리처드, 존. 『교회: 왜 교회에 가야 하는가? 교회는 무엇을 위해 존재하는가?』. 한문덕 역. 서울: 비아, 2017.

한병수. 『기독교란 무엇인가』. 서울: 복 있는 사람, 2017.

헤그너, 도날드 A. 『마태복음 14~28장』. 채천석 역. WBC 성경주석; 서울: 솔로몬, 2008.

헤어, 더글라스, R. A., 『마태복음』. 현대성서주석; 서울: 한국장로교출판사, 2001.

홍성주. 『영성과 행복』. 서울: 예영비앤피, 2006.

Apostolos-Cappadona, D. "Aposteldarstellungen," *Religion in Geschichte und Gegenwart* (Vierte, völlig neu bearbeitete Auflage), Band 1, (Tübingen: Mohr Siebeck, 1998), 638~640.

Boecker, H. J. *Wegweisung zun Leben: Recht und Gesetz im Alten Testament*, (Stuttgart: Deutsche Bibelgesellschaft, 2000).

Bonhoeffer, D. *Schöfung und Fall* (München: Kaiser Verlag, 1968).

Bovon, F. "Apostelakten," *Religion in Geschichte und Gegenwart* (Vierte, völlig neu bearbeitete

Auflage), Band 1, (Tübingen: Mohr Siebeck, 1998), 640~641.

Hengel, M. *Between Jesus and Paul: Studies in the Earliest History of Christianity* (Philadelphia: Fortress Press, 1983).

Howard, Jr. D. M. *Joshua* (The New American Commentary; Nashville: Broadman & Holman Publishers, 1998).

Jamieson, A. *A Churchless Faith: Faith Journeys beyond the Church* (London: The Society for Promoting Christian Knowledge, 2002).

Moltmann, J. *History and the Triune God*, trans, J. Bowden, (New York: Cressord, 1992).

Sarna, N. M. *Genesis*, (The JPS Torah Commentary; Philadelphia: Jewish Publication Society, 1989).

The Standard Prayer Book (New York: Bloch Publishing Company, 1915).